# 在線零售商營銷道德行為的
消費者響應及其
# 治 理

沈鵬熠●著

# 內容簡介

　　本書以 B2C 在線零售商為研究對象，圍繞在線零售商營銷道德行為的消費者回應這一核心議題，對在線零售商營銷道德行為的內涵、結構、前因、結果及其仲介機制和調節機制進行了全面、系統和深入分析。全書不僅有理論和定性層面的探討，也有實證數據的支撐，對相關的概念模型和系列研究假設進行了檢驗，並提出了相應的管理建議。全書共八章，具體內容包括：導論，國內外研究現狀述評，在線零售商營銷道德失範的內涵、成因及治理機制，在線零售商營銷道德行為的消費者感知——量表開發與維度測量，在線零售商道德性營銷決策——前因、結果及調節機制，在線零售商營銷道德行為的消費者回應機理——理論模型與實證檢驗，在線零售商營銷道德、購物體驗與顧客行為傾向，在線零售商營銷道德行為與消費者購買意願——個體特徵和服務質量的調節。本書的研究結論對在線零售商營銷道德治理水平的提升有重要的理論價值和實踐意義。

　　本書圍繞在線零售商營銷道德行為的內涵和構成、影響因素及消費者回應結果進行設計和寫作，並且運用了大量的訪談和調查數據進行實證分析，體現了研究的創新性、方法的科學性、內容的整體性和對策的針對性，可作為高等院校市場營銷專業本科生和研究生的學習參考書，對零售管理和電子商務行業的從業者也有一定的指導意義。

# 前　言

随著以高科技產業與信息產業為基礎的新經濟發展，舊的商業模式受到了極大的衝擊，以互聯網為基礎的新商業模式在21世紀得到了迅速發展。許多大的零售商，如沃爾瑪、樂購、西爾斯等，已將網路零售納入其營運戰略中（Grewall et al., 2004）。與此同時，中國消費者的網路購物規模也持續擴大。《中國互聯網發展狀況統計報告》顯示，2014年中國網路購物交易額大致相當於社會消費品零售總額的10.7%，年度線上滲透率首次突破10%。截至2015年12月，中國網民規模達6.88億，中國網路購物用戶規模達到4.13億。《中國電子商務報告》數據顯示，2015年，中國電子商務繼續保持快速發展的勢頭，交易額達到20.8萬億元，同比增長約27%；網路零售額達3.88萬億元，同比增長33.3%，其中實物商品網路零售額占社會消費品零售總額的10.8%。快速增加的電子商務和網路零售為經濟發展和顧客選擇創造了機會，但也為非道德行為的產生創造了新的環境（Freestone and Mitchell, 2004），為違法違德行為的多發式增長提供了溫床，與在線零售相關的道德失範問題已經成為電子商務和在線零售發展的「陰暗面」。由於虛擬的互聯網具有廣泛性、開放性、隱蔽性和無約束性等特性，企業和消費者的網上行為出現了一些突破傳統道德規範的新的道德問題，產生了諸如侵犯消費者隱私權、網路詐欺、網路安全、網路垃圾郵件、彈出式廣告泛濫等一些新的違背道德甚至是違背法律的行為。在線零售營銷活動日益引起了道德實踐問題（Roman, 2010），這已成為消費者在線購物的最大挑戰。在線零售商營銷道德失範從根本上損害了廣大消費者及社會的利益，破壞了在線零售商的企業形象和網路零售商業市場的競爭秩序，甚至危及在線零售商本身的健康發展，更為嚴重的是敗壞了社會風氣，影

響了市場經濟的良性運作。因此，將營銷和消費者服務轉移到網路上日益面臨巨大挑戰，包括道德問題的出現和由此導致的負面消費者反應（Wirtz et al., 2007）。由此可見，加強在線零售商營銷道德建設勢在必行。然而，學界關於營銷道德的研究主要集中在實體企業情境中，對於在線零售商營銷道德問題還缺乏詳盡分析。尤其關於在線零售商營銷道德行為的內涵、表現、成因和消費者如何回應在線零售商營銷道德行為以及相應的治理對策和管理建議還缺乏有效的考究。因此，本書以B2C在線零售商為研究對象，全面、系統、深入分析在線零售商營銷道德行為的消費者回應及其治理對策。全書的主要研究內容共分為八章，主要研究內容和結論如下：

第1章為導論。本章首先明確了研究背景、研究目的和研究意義，然后詳細介紹了研究思路、研究方法、研究對象、內容結構安排以及創新點。

第2章為國內外研究現狀述評。本章主要對在線零售商營銷道德的形成與測評、在線零售商營銷道德對消費者行為的影響、在線零售商營銷道德失範及治理的相關研究進行了回顧，並提出了現有研究的缺憾和不足。

第3章對在線零售商營銷道德失範的內涵、成因及治理機制進行了初步的定性探討和分析。首先，全面分析了在線零售商營銷道德失範的起源、內涵和表現類型；其次，從內外因相結合的角度對在線零售商營銷道德失範的成因進行了總結和歸納；最后，基於在線零售商營銷道德失範的內涵、表現及成因，提出了在線零售商營銷道德失範的治理機制，從而為在線零售商營銷道德失範行為的有效治理提供決策參考和指導意見。

第4章為在線零售商營銷道德行為的消費者感知——量表開發與維度測量。本章通過文獻回顧和消費者訪談，獲取消費者感知的在線零售商營銷道德行為測評量表，通過因子分析對量表的可靠性和有效性進行檢驗。結果發現，在線零售商營銷道德行為量表包括隱私保護、安全可靠、公平競爭、誠信經營、社會責任履行五個測量維度以及31個題項。然后，進一步分析了不同人口統計特徵消費者心目中在線零售商營銷道德行為各維度的相對重要性，以及在線零售商營銷道德行為與消費者感知的關係是否根據在線零售商類型的不同而有差異。

第5章為在線零售商道德性營銷決策——前因、結果及調節機制。本章通

过文献回顾和访谈研究，构建了在线零售商道德性营销决策的前因、后果及其调节机制模型，并通过B2C在线零售商的问卷调查数据进行了实证分析。结果表明，制度压力、消费者自我保护、网购技术环境、伦理型领导、员工－顾客关系质量、组织道德氛围对在线零售商道德性营销决策有积极影响，其中，制度压力、组织道德氛围的影响更大。同时，在线零售商道德性营销决策对营销绩效有显著的积极影响。另外，在线零售商特征的调节作用也得到一定程度的支持。

第6章为在线零售商营销道德行为的消费者回应机理——理论模型与实证检验。本章通过实证研究探索了在线零售商营销道德行为的消费者回应机理，发现在线零售商营销道德行为（ORE）感知绩效对期望一致性和ORE满意感有正向影响，ORE期望对期望一致性有负向影响，期望一致性对ORE满意感有正向影响，ORE满意感对消费者在线购买意愿有正向影响。从ORE感知绩效与期望的动因来看，ORE感知利己动机对ORE感知绩效有负面影响，ORE感知利他动机则对ORE感知绩效有正向影响，消费者伦理意识对ORE期望有正向影响，网路店铺印象对ORE期望和ORE感知绩效均有正向影响。另外，多群组分析结果还显示，人口统计特征变量（性别、年龄、受教育程度、网购频率）在不同假设路径中的影响均存在显著差异。本研究不仅揭示了消费者对在线零售商营销道德行为产生回应的过程、原因及差异，而且对在线零售商营销道德的治理和改善有一定的理论和实践意义。

第7章为在线零售商营销道德、购物体验与顾客行为倾向。本章基于文献回顾、访谈和问卷调查，从在线购物体验视角分析了在线零售商营销道德对顾客行为倾向的影响机理。结果表明，在线零售商营销道德维度通过在线购物体验的仲介作用对顾客行为倾向产生影响。其中，隐私保护、安全可靠、诚信经营、公平竞争对顾客的认知体验有积极影响，隐私保护、安全可靠、诚信经营、社会责任履行对顾客的情感体验有积极影响，隐私保护、安全可靠、诚信经营对顾客行为倾向有积极影响，认知体验对情感体验有积极影响，认知体验、情感体验对顾客行为倾向均有积极影响，但情感体验的影响更大。并且，认知体验和情感体验在在线零售商营销道德维度与顾客行为倾向之间发挥了一定程度的仲介效应。

第8章為在線零售商營銷道德行為與消費者購買意願——個體特徵和服務質量的調節。本章構建了在線零售商營銷道德行為與消費者購買意願的調節機制研究框架，並基於實驗法實證檢驗三個消費者個體特徵因素（消費者信任、消費者支持、消費者網路專長）和一個網站特徵因素（在線零售服務質量）的調節效應，從而揭示不同個體差異和服務質量差異條件下在線零售商營銷道德行為對消費者購買意願的影響，進一步明確在線零售商營銷道德影響消費者購買意願的邊界和條件，從而為在線零售商營銷道德治理提供借鑑和參考。

書中難免有不當和疏漏之處，誠懇地希望各位學界同仁和專家不吝賜教，提出寶貴的意見和建議。

# 目　錄

1　導論 / 1
　1.1　研究背景、目的和意義 / 1
　　1.1.1　研究背景 / 1
　　1.1.2　研究目的 / 2
　　1.1.3　研究意義 / 2
　1.2　研究思路和研究方法 / 4
　　1.2.1　研究思路 / 4
　　1.2.2　研究方法 / 5
　1.3　研究對象和結構安排 / 6
　　1.3.1　研究對象 / 6
　　1.3.2　全書的結構安排 / 7
　1.4　本書的主要創新點 / 8

2　國內外研究現狀述評 / 9
　2.1　傳統企業營銷道德的理論起源、內涵和評價研究 / 9
　2.2　在線零售商營銷道德的內涵和測量研究 / 12
　2.3　在線零售商營銷道德的形成機理研究 / 15

2.4 在線零售商營銷道德對消費者行為的影響研究 / 16

2.5 在線零售商營銷道德失範及治理研究 / 17

2.6 現有研究評介 / 18

3 在線零售商營銷道德失範的內涵、成因及治理機制 / 20

3.1 在線零售商營銷道德失範的概念和表現形式 / 20

3.2 在線零售商營銷道德失範的成因 / 26

3.2.1 外部因素 / 27

3.2.2 內在因素 / 29

3.3 在線零售商營銷道德失範的治理機制 / 32

3.3.1 在線交易安全風險防範和治理機制 / 32

3.3.2 強化政府法制建設和市場監管機制 / 32

3.3.3 加強企業自律和行業自我約束機制 / 35

3.3.4 強化和完善消費者道德意識促進機制 / 37

3.3.5 制定在線零售商營銷道德信息披露和評價機制 / 39

3.3.6 完善以營銷道德為主導的企業文化建設機制 / 40

3.3.7 推進良好社會文化和道德環境的培育機制 / 41

4 在線零售商營銷道德行為的消費者感知
——量表開發與維度測量 / 43

4.1 問題的提出 / 43

4.2 文獻評述 / 44

4.2.1 在線零售商營銷道德的理論背景和內涵研究 / 44

4.2.2 在線零售商營銷道德行為的結構和測量研究 / 45

4.3 預備性研究 / 46

  4.3.1 訪談 / 46

  4.3.2 編碼和產生問卷的題項 / 47

  4.3.3 預試 / 48

4.4 數據與樣本 / 49

  4.4.1 數據收集 / 49

  4.4.2 樣本特徵 / 49

  4.4.3 統計方法 / 49

4.5 結果分析 / 50

  4.5.1 在線零售商營銷道德行為結構的探索性因子分析 / 50

  4.5.2 在線零售商營銷道德行為結構的驗證性因子分析 / 52

  4.5.3 信度與效度檢驗 / 53

  4.5.4 在線零售商營銷道德行為水平的測量 / 54

  4.5.5 在線零售商類型和消費群體特徵的影響分析 / 54

4.6 結論與討論 / 56

  4.6.1 研究結論和價值 / 56

  4.6.2 管理建議 / 57

  4.6.3 研究局限和進一步研究方向 / 58

# 5 在線零售商道德性營銷決策——前因、結果及調節機制 / 59

5.1 問題的提出 / 59

5.2 文獻綜述和研究模型 / 60

  5.2.1 在線零售商營銷道德的內涵 / 60

  5.2.2 在線零售商道德性營銷決策及其影響因素 / 62

  5.2.3 在線零售商道德性營銷決策與營銷績效 / 68

    5.2.4　在線零售商特徵的調節作用／70

  5.3　研究設計／70

    5.3.1　變量測量及問卷設計／70

    5.3.2　抽樣與數據採集／71

  5.4　數據分析與假設檢驗／72

    5.4.1　信度與效度分析／72

    5.4.2　迴歸分析／73

    5.4.3　調節效應分析／74

  5.5　結論與討論／77

    5.5.1　研究結論／77

    5.5.2　管理建議／77

    5.5.3　研究局限和進一步研究方向／78

# 6　在線零售商營銷道德行為的消費者回應機理
## ——理論模型與實證檢驗／79

  6.1　問題的提出／79

  6.2　理論背景、概念模型及假設／81

    6.2.1　在線零售商營銷道德的測量、前因及結果研究／81

    6.2.2　在線零售商營銷道德行為與消費者回應／82

  6.3　量表設計與數據收集／90

    6.3.1　量表設計／90

    6.3.2　數據收集／90

  6.4　實證分析／91

    6.4.1　信度和效度檢驗／91

    6.4.2　研究假設檢驗／93

6.4.3　多群組結構方程模型分析 ／ 95

　6.5　結論與討論 ／ 98

　　6.5.1　研究結論 ／ 98

　　6.5.2　管理建議 ／ 99

　　6.5.3　研究局限和進一步研究方向 ／ 100

# 7　在線零售商營銷道德、購物體驗與顧客行為傾向 ／ 101

　7.1　問題的提出 ／ 101

　7.2　文獻回顧和理論模型 ／ 102

　　7.2.1　在線零售商營銷道德的內涵和測量維度 ／ 102

　　7.2.2　在線購物體驗的內涵和結構 ／ 103

　　7.2.3　在線零售商營銷道德與在線購物體驗的關係 ／ 105

　　7.2.4　在線零售商營銷道德與顧客行為傾向的關係 ／ 106

　　7.2.5　在線購物體驗與顧客行為傾向的關係 ／ 107

　7.3　研究設計 ／ 108

　　7.3.1　變量測量 ／ 108

　　7.3.2　數據收集 ／ 108

　7.4　數據分析和假設檢驗 ／ 109

　　7.4.1　信度與效度分析 ／ 109

　　7.4.2　假設檢驗 ／ 110

　　7.4.3　仲介效應檢驗 ／ 111

　7.5　結論和建議 ／ 113

　　7.5.1　研究結論 ／ 113

　　7.5.2　管理建議 ／ 114

　　7.5.3　研究局限和進一步研究方向 ／ 115

**8 在線零售商營銷道德行為與消費者購買意願**
　**——個體特徵和服務質量的調節 / 116**

 **8.1 問題的提出 / 116**

 **8.2 文獻回顧和研究假設 / 118**

  8.2.1 在線零售商營銷道德的內涵與結構 / 118

  8.2.2 在線零售商營銷道德行為對消費者購買意願的影響 / 119

  8.2.3 消費者信任和消費者支持的調節作用 / 120

  8.2.4 消費者網路專長的調節作用 / 122

  8.2.5 服務質量的調節作用 / 123

 **8.3 研究設計 / 124**

  8.3.1 實驗設計 / 124

  8.3.2 實驗對象 / 124

  8.3.3 實驗過程 / 125

  8.3.4 變量測量 / 129

 **8.4 數據分析結果 / 129**

  8.4.1 樣本構成 / 129

  8.4.2 操縱檢驗 / 130

  8.4.3 假設檢驗 / 131

 **8.5 結論和討論 / 135**

  8.5.1 研究結論 / 135

  8.5.2 管理建議 / 135

  8.5.3 研究局限和進一步研究方向 / 137

**參考文獻 / 138**

# 1 導論

在線零售商的營銷道德水平不僅直接影響到消費者的回應水平和虛擬市場的運行效率，還關乎線上企業的競爭力形成和提升。具有較強競爭力的企業一般是消費者認為具有較高道德水準的企業。因此，在線零售商如何形成和獲得高績效的營銷道德行為迫切需要理論界和實踐界的深入探討。

## 1.1 研究背景、目的和意義

### 1.1.1 研究背景

20世紀90年代以來，隨著以高科技產業與信息產業為基礎的新經濟的發展，舊的商業模式受到衝擊，以互聯網為基礎的新商業模式——電子商務卻發展迅速。隨著傳統商務和電子商務的界限迅速消失（Nash, 2000），在線零售這種新型零售業態得到了快速增長。許多大的零售商（沃爾瑪、樂購、西爾斯等），已經將在線零售納入其營運戰略中（Grewall et al., 2004）。美國電子商務在過去也獲得了巨大發展，在線銷售從2002年的1.2%增加到2011年的5%（US Census Bureau News, 2011）。而《中國互聯網發展狀況統計報告》顯示，2014年中國網路購物交易額大致相當於社會消費品零售總額的10.7%，年度線上滲透率首次突破10%。截至2015年12月，中國網民規模達6.88億，中國網路購物用戶規模達到4.13億。《中國電子商務報告》數據顯示，2015年，中國電子商務繼續保持快速發展的勢頭，交易額達到20.8萬億元，同比增長約27%；網路零售額達3.88萬億元，同比增長33.3%。快速增加的電子商務和在線零售為經濟發展和顧客選擇創造了機會，但網路也為非道德行為的產生創造了新的環境（Freestone and Mitchell, 2004），與在線零售相關的道德問題已經成為電子商務和在線零售發展的「陰暗面」。網路營銷在快速發展的同時，也帶來了許多政治、法律、倫理道德和社會問題（張國寶，2009）。一

些在線零售商為追逐利潤最大化，不惜損害廣大消費者及社會的利益，違背法律與道德原則。由於虛擬的互聯網具有廣泛性、開放性、隱蔽性和無約束性等特性，企業和消費者的網上行為出現了一些突破傳統道德規範的新的道德問題，產生了諸如侵犯消費者隱私權、網路詐欺、網路安全、網路垃圾郵件、彈出式廣告泛濫等一些新的違背道德甚至是違背法律的行為。可見，將營銷和消費者服務轉移到網路上也面臨巨大挑戰，包括道德問題的出現和由此導致的負面消費者反應（Wirtz et al., 2007）。電子商務活動日益引起了相關的道德實踐問題（Roman, 2010）。其中，與在線零售商有關的道德問題已成為消費者在線購物的最大挑戰。

### 1.1.2 研究目的

針對在線零售商營銷道德問題在實踐中表現日益突出以及相應理論研究的薄弱，本書的研究目的主要有三個：

（1）在B2C情境下重構和檢驗在線零售商營銷道德行為的消費者感知與測度體系，理解在線零售商營銷道德與消費者認知間的關係機理，為在線零售商營銷道德行為的評價提供科學依據。

（2）深入分析在線零售商營銷道德行為的消費者回應過程及機制，從消費者視角深入考察在線零售商營銷道德行為的前置因素、后果影響及其調節機制，以完善國內外與該主題相關的理論研究，為在線零售商營銷道德建設提供理論參考。

（3）基於理論認識及實證分析，分章節提出在線零售商營銷道德失範的治理對策和管理建議，指導在線零售商有效提升營銷道德水平，改善在線零售商的競爭優勢。

### 1.1.3 研究意義

（1）理論意義

隨著在線零售的興起，關於網路使用的道德問題已經受到消費者廣泛關注。人們對在線零售營銷道德行為的日益關注限制了在線零售的發展和消費者參與在線活動。在線零售商需要理解在線零售活動中所面臨的諸多道德挑戰，以及在面臨激烈競爭和持續增加的顧客預期的情形下消費者是怎樣感知和評價網站的道德問題的（Anderson and Srinivasan, 2003）。因此，在線情境下研究消費者感知在線零售商營銷道德行為是必要的。儘管一些電子商務道德問題類似於傳統的實體零售道德（Palmer, 2005），但兩者的內容和表現又具有顯著

的差異性。相比面對面的交易，道德犯錯更可能發生在電子交易中（Citera et al., 2005）。在傳統零售情境中，顧客在服務遭遇中通過與公司的直接接觸和交互作用來評價商店。消費者對公司道德行為的印象受到服務傳遞過程中員工行為的影響（McIntyre et al., 1999）。而在線零售在本質上不能提供高信任度的溝通環境（Grewal et al., 2004）。在線零售商能更容易地相互模仿，以至於複雜網站的信號價值在減少，並且消費者會更困難地區別出在線零售商的好與壞。可見，與實體零售情境相比，在線零售中消費者的道德感知和期望以不同方式形成。雖然，過去在離線市場的研究已提出消費者道德信念和實踐問題（Fullerton et al., 1996; Muncy and Vitell, 1992; Strutton et al., 1997; Vitell and Muncy, 2005），以及消費者感知的零售商道德（Burns et al., 1994; Lagace et al., 1991; McIntyre et al., 1999; Norris and Gifford, 1988; Roman, 2003），但在線零售實踐中的道德問題還缺乏深入研究（Palmer, 2005; Sama and Shoaf, 2002）。早期關於消費者感知的在線零售商營銷道德行為研究絕大多數是概念性的（Maury and Kleiner, 2002; Stead and Gilbert, 2001），直到最近幾年人們才開始對在線零售商營銷道德的測量（Roman, 2007; 閻俊和陳麗瑞，2008）及其對消費者行為影響的機理（Roman and Cuestas, 2008; Yang et al., 2009; Limbu et al., 2011）進行探討，但研究的問題並不系統和深入，消費者感知在線零售商營銷道德問題的研究仍然是一個亟待深入分析的領域。因此，本書在克服現有研究不足的基礎上，對在線零售商營銷道德的構成要素、形成機理、影響效應和治理對策、建議進行系統和深入探討，有助於進一步完善和豐富在線零售商營銷道德理論體系和分析框架，從而為在線零售商業的健康發展提供科學的理論基礎和依據。

（2）實踐意義

在線零售營銷中的非道德行為頻繁發生，究其原因，是在線零售商在面對激烈競爭和顧客期望的不斷提高，不能有效理解在線消費者對其營銷道德行為的感知和反應，從而缺乏對在線零售營銷道德行為的有效評價和控制，制約了在線零售商營銷道德治理實踐的有效開展。因此，本研究對在線零售商發現營銷道德行為失範的原因，制定科學、完善的營銷道德標準以及提升營銷道德治理的水平和能力，從而推動線上企業營銷道德的建設，均有重要的實際應用價值。

## 1.2 研究思路和研究方法

### 1.2.1 研究思路

本研究的總體研究思路是：基於在線零售商營銷道德實踐面臨的現實問題和文獻回顧，提出有待研究的問題。引入和借鑑一定的理論基礎，對在線零售商營銷道德的測評、形成機理和影響效應進行實證分析，根據實證分析結果，對在線零售商營銷道德的治理對策和管理建議進行探討。本研究技術路線如圖1-1所示。

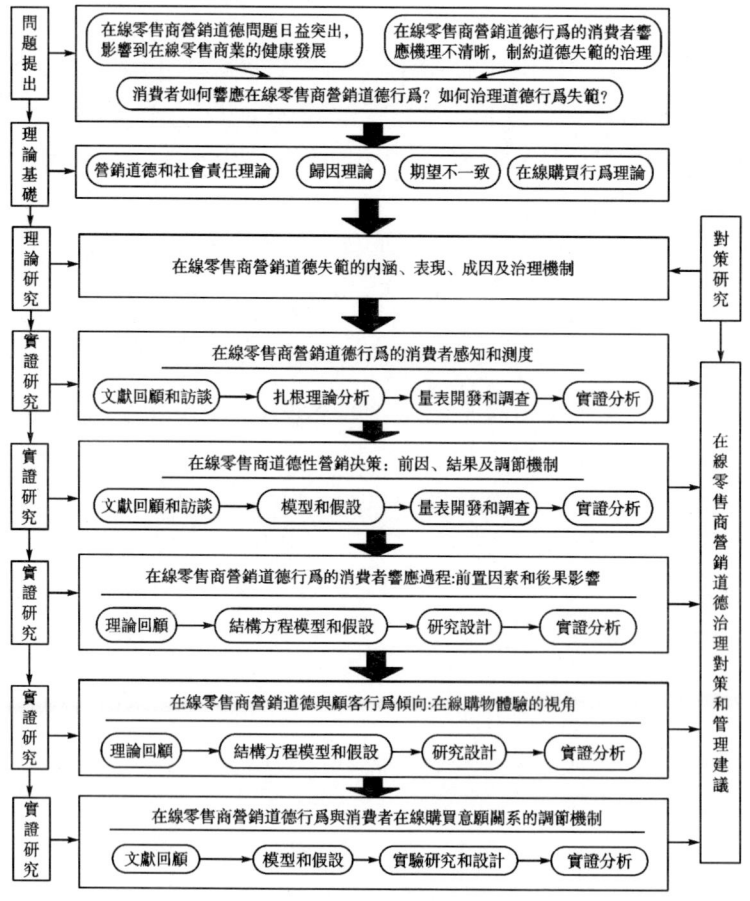

圖1-1　本研究的技術路線

### 1.2.2　研究方法

（1）文獻研究法

基於文獻研究的規範要求，加強對相關資料的收集與分析。圍繞營銷道德、企業社會責任、期望不一致、關係營銷、顧客體驗、S-O-R、公平理論、社會契約理論等理論基礎，回顧並研究在線零售商營銷道德的內涵、結構、影響因素和效應，並構建在線零售商營銷道德測評模型、形成機理模型和影響效應等理論模型。通過深化理論構架、優化假設模型、明確變量界定、累積理論基礎，全程為本研究的推進提供理論上的保證。

（2）訪談法

分別針對電子商務企業高管、消費者以及專家進行訪談，對在線零售商營銷道德行為的測量量表、在線零售商道德性營銷決策的內涵和影響因素、在線零售商營銷道德行為與消費者回應變量的測量內容進行分析，形成相應的調查問卷。

（3）扎根理論研究法

在完善和開發在線零售商營銷道德行為量表的過程中，本研究將使用到扎根理論的質性研究方法。針對文獻資料和訪談資料，本研究邀請三位碩士生共同對訪談文本稿進行開放式編碼，將訪談記錄的內容劃分為特定類目，構建出在線零售商營銷道德訪談的分類系統。首先，對資料逐行分析，找出關鍵的語干並標示；其次，分別將提煉出的相似標示（語干）歸為一類，以代表不同的在線零售商營銷道德行為成分；最後，將三位編碼者對每一語干的編碼結果加以比較，如果有兩位以上（含兩位）的編碼者共同認定某一語干屬於某一類目時，即歸入此類目。對於歸類不一致的內容，由三人討論後達成共識的內容繼續歸類，否則予以刪除。最終形成在線零售商營銷道德行為的初始測量題項。

（4）問卷調查法

針對在線零售商營銷道德行為的測量模型、在線零售道德性營銷決策前因及結果模型、在線零售商營銷道德行為的消費者回應模型、在線零售商營銷道德五維度與顧客行為傾向模型，本研究在明確模型中各變量的操作性構念和相應的測量工具基礎上，分別選擇有過網路購物經驗的消費者進行問卷調查，並綜合運用SPSS18.0和AMOS18.0軟件進行假設檢驗和模型驗證，所涉及的數據分析方法有因子分析法、方差分析法、迴歸分析法、結構方程建模法等。

(5) 情景模擬實驗法

針對研究內容和相關概念，構建在線零售商營銷道德行為與消費者購買意願關係的調節機制模型，通過情景模擬實驗研究方法檢驗消費者信任、消費者支持、消費者網路專長、服務質量對在線零售商營銷道德行為與消費者購買意願關係的調節效應。

(6) 案例研究法

在實證研究過程中，筆者深入到多個電子商務企業進行調研，並對其高管進行訪談，從而形成了一系列的訪談資料和數據。這種基於不同企業的訪談和調研，有利於對中國在線零售商開展營銷道德的看法和觀點進行採集，從而形成實證研究設計和問卷開發的基礎以及相應對策建議的依據。

## 1.3 研究對象和結構安排

### 1.3.1 研究對象

《第35次中國互聯網發展狀況統計報告》顯示，截至2014年12月底，中國網民規模達6.49億，網路購物用戶規模達到3.61億，網民使用網路購物的比例從48.9%提升至55.7%。國家統計局關於社會消費品零售總額的數據顯示，2014年中國網路購物交易額大致相當於社會消費品零售總額的10.7%，年度線上滲透率首次突破10%。其中，中國網路購物市場中B2C交易規模達12,882億元，在整體網路購物市場交易規模的比重達到45.8%。2014年中國網路購物B2C市場增長68.7%，遠高於C2C市場35.2%的增速，B2C市場將繼續成為網路購物行業的主要推動力。中國網購市場源於C2C的興盛，但隨著淘寶、拍拍等購物網站從C2C向B2C轉型，各大互聯網巨頭如谷歌、百度等和家電領域的創維、海信等以及實體渠道商如蘇寧、國美紛紛進軍B2C市場，有實力的個人網站轉向企業運作，B2C將成為中國在線購物的主要趨勢。因此，本書主要以B2C在線零售商為研究對象進行調查分析。究其因，一方面是因為B2C市場增長迅猛，已成為網路購物行業的主要推動力，具有一定代表性和較強現實研究意義；另一方面，相比C2C和B2B等類型的在線零售商，在B2C網路購物市場中消費者能更全面感知和判斷在線零售商營銷行為的道德性。

### 1.3.2　全書的結構安排

本書共包括八章內容，其結構安排如下：

第1章：導論。本章提出了研究背景、研究目的和研究意義，並分析了研究思路和研究方法，確立了本書的研究對象、範圍和研究內容，並歸納了創新點。

第2章：國內外研究現狀述評。本章對國內外研究現狀進行了基本回顧和梳理，明確了現有研究的進展、不足及本研究的切入點。主要對在線零售商營銷道德的形成與測評、在線零售商營銷道德對消費者行為的影響、在線零售商營銷道德失範及治理的相關研究進行了回顧和評介。

第3章：在線零售商營銷道德失範的內涵、成因及治理機制。本章從理論分析層面對在線零售商營銷道德失範的起源、內涵和表現形式進行了分析，並從內因與外因相結合的角度對在線零售商營銷道德失範的原因進行了歸納和總結，並提出了在線零售商營銷道德失範的若幹治理機制。

第4章：在線零售商營銷道德行為的消費者感知——量表開發與維度測量。本章基於文獻回顧和消費者訪談，獲取消費者感知的在線零售商營銷道德行為初始測評量表，通過因子分析對量表的可靠性和有效性進行檢驗和分析，最終從消費者感知視角得出在線零售商營銷道德行為的測量量表和測量內容，並分析不同人口統計特徵和企業特徵的影響差異。最後，對研究結果進行討論，提出一些重要的建議和對策。

第5章：在線零售商道德性營銷決策——前因、結果及調節機制。本章基於文獻回顧和訪談研究，構建在線零售商道德性營銷決策的前因、結果及其調節機制模型，並通過B2C在線零售商的問卷調查數據進行實證分析，從而檢驗不同內外因對在線零售商道德性營銷決策的作用機理以及在線零售商道德性營銷決策對在線零售商營銷績效的影響效應，並分析在線零售商特徵在其中的調節效應。最後，對研究結果進行討論，提出一些重要的建議和對策。

第6章：在線零售商營銷道德行為的消費者回應機理——理論模型與實證檢驗。本章主要基於相關的文獻回顧和理論分析，構建消費者回應在線零售商營銷道德行為的理論模型和研究假設，並通過結構方程建模技術實證分析在線零售商營銷道德行為的感知動機、在線零售商營銷道德行為的期望（ORE期望）、消費者倫理意識以及網路店鋪印象對在線零售商營銷道德行為的感知績效（ORE感知績效）的影響機理，以及在線零售商營銷道德行為的感知績效對期望一致性、在線零售商營銷道德行為的滿意度（ORE滿意感）及在線購

買意願的影響效應。最后，對研究結果進行討論，提出一些重要的建議和對策。

第 7 章：在線零售商營銷道德、購物體驗與顧客行為傾向。本章基於文獻回顧和訪談，從在線購物體驗視角構建了在線零售商營銷道德對顧客行為傾向的影響模型和研究假設，並基於結構方程建模和仲介效應檢驗實證分析了在線零售商營銷道德、在線購物體驗、顧客行為傾向之間的作用關係以及在線購物體驗在其中的仲介作用機理。最后，對研究結果進行討論，提出一些重要的建議和對策。

第 8 章：在線零售商營銷道德行為與消費者購買意願——個體特徵和服務質量的調節。本章基於文獻回顧和理論分析，構建了在線零售商營銷道德行為與消費者購買意願之間的調節機制模型及研究假設，並通過情景模擬實驗法檢驗了消費者信任、消費者支持、消費者網路專長、服務質量變量的調節效應，從而提出一些重要的建議和對策。

## 1.4 本書的主要創新點

第一，系統開發了在線零售商營銷道德行為的測量量表。國內外關於在線零售商營銷道德行為的測量量表並不全面，遺漏了一些重要的測量項目。本書開發的在線零售商營銷道德行為量表具有較好的信度和效度，共包括隱私保護、安全可靠、公平競爭、誠信經營、社會責任履行五個測量維度以及 31 個題項，從而為在線零售商營銷道德提供了評價工具。本研究是對現有研究的推進和深化，其中，「隱私保護」「安全可靠」「公平競爭」與現有研究中的維度基本保持一致，但在測量題項上有了新的發展和豐富。「誠信經營」和「社會責任履行」則是本研究過程中所呈現出的新維度。它們在過往研究中並沒得到重視，尤其是忽略了「社會責任履行」。

第二，深入揭示了在線零售商營銷道德行為與消費者回應變量、企業營銷績效之間的複雜關係和機制。不僅從單一維度視角分析了在線零售商道德性營銷決策的影響因素及其與在線零售企業營銷績效之間的作用關係，而且從單一維度視角探討了在線零售商營銷道德行為感知績效這一核心消費者回應變量的影響因素和效應，並對在線零售商營銷道德行為與消費者購買意願之間的調節變量和機制進行了深入分析，同時，也從分維度的視角探討了在線零售商營銷道德五個維度通過在線購物體驗的仲介作用對顧客行為傾向的影響機制。

# 2 國內外研究現狀述評

為了系統對在線零售商營銷道德問題進行科學研究，具體分析在線零售商營銷道德的內涵、影響因素及其與消費者回應的作用關係，需要對有關的概念性和經驗性研究文獻進行回顧和梳理，指明進一步的研究方向和切入點。

## 2.1 傳統企業營銷道德的理論起源、內涵和評價研究

企業營銷道德的真正研究始於 20 世紀 60 年代的美國。美國在二戰后實現了經濟的快速發展，同時也產生了一系列企業經營醜聞，如賄賂、制定壟斷價格、詐欺交易、污染環境等。學界對營銷道德的研究開始盛行，其中 Garrett（1966）的相稱理論、Rawls（1971）的社會公正理論、Kotler（1972）的社會市場營銷觀念和之前的 Ross（1930）的顯要義務理論四大具體理論為企業營銷道德判斷和評價提供了基本的思考基礎。20 世 90 年代以來，中國經濟快速發展和轉型，企業營銷非道德事件頻頻發生，營銷道德開始引起了中國學者的關注。隨著營銷道德研究日益深化，學界開始關注企業的社會責任、社會營銷以及關注人民的健康和環境問題，如臭氧問題、全球變暖問題（甘碧群，2004）。甘碧群（1997）是國內較早研究營銷道德的學者之一。她較系統地闡述了營銷道德的概念和基本理論體系，並與曾伏娥（2006）、壽志鋼（2008）開展了實證研究，從消費者角度開發了適合於中國市場情景的量表，建立了營銷道德評價的基本框架。

營銷道德是調整企業與所有利益相關者之間關係的行為規範總和，是客觀經濟規律及法制以外制約企業營銷行為的重要因素。它反應了企業的營銷活動符合人們道德規範的程度，主要涉及企業在交易活動中體現的道德水平。企業的營銷活動自覺地接受道德規範的約束，符合社會道德標準。其實質是解決企業如何承擔好社會責任，妥善解決企業利益同顧客利益、自然環境利益以及社

会利益的关系，强调营利与道德的双重标准，杜绝损害消费者、社会和公众利益的营销行为。因此，企业在营销活动中如果违背了道德标准，就会产生一系列的营销道德失范现象。在实践中，企业营销道德是社会道德在企业营销活动中的体现，营销活动作为企业的经营和社会行为，需要一定的评价准则或标准。然而，判断某一营销行为是否合乎道德，在很多情况下并非想像的那么容易。关于什么样的行为才是符合道德标准的问题，理论界由此争论产生了两大派别，即依据行为的动机或过程判定道德标准的道义论和依据行为的结果判定道德标准的目的论（牛永革和李蔚，2006）。目的论也称功利论，主要以行为后果来判断行为的道德合理性。也即行为的正当与否，应取决于该行为带来的善的结果是否超过恶的结果。道义论则从直觉和经验中归纳出某些人应当共同遵守的道德责任或义务，以这些义务的履行与否作为判断行为是否合理的标准。它是从处理事物的动机来审查是否有道德，而不是凭行动的后果来判断。换言之，是行为的某些特性而非该行为所产生的后果使该行为称为正确或正当。企业营销道德问题涉及的面很广，贯穿于企业营销活动的全过程，即从营销调研开始，到针对目标市场的选择，制定产品、定价、分销、促销策略等（甘碧群，1997）。在线零售企业在每个营销环节上出现道德失范问题，都会威胁到消费者、社会等广大利益相关者的利益。有关企业营销行为是否合乎道德标准的判别是相当复杂的。不同的行为主体对企业营销道德判断及评价标准是不一致的。消费者是评价企业营销行为是否道德并抵制营销道德失范行为的重要市场力量。从这个角度看，企业营销行为是否道德，理应得到作为商业活动主体之一的消费者的认可。所以，企业在制定营销决策时应该充分考虑消费者的感受和意见，以制定出符合消费者道德要求的营销决策。这就要求企业不仅要了解消费者对企业营销道德的总体评价，而且首先要明确消费者评价企业营销道德的角度。即使是从消费者的角度出发，有时也难辨别企业营销行为到底是对还是错。因为不同的行为主体对于企业营销道德的判断及评价标准是不一样的，比如功利论主义者可能更注重行为的后果是否符合道德，而道义论主义者则更多地从直觉和经验中归纳出人们应该共同遵循的道德责任或义务，并以这些义务的履行与否作为判断行为是否道德的标准。

对传统企业，国内外已分别研究了从企业和外部消费者角度评价营销道德的指标体系。国外主要研究成果包括：Baumhart（1961）作为最早研究营销道德的学者之一，将测评指标归纳为礼品、馈赠、贿赂、价格歧视与不公平定价，虚假广告，不正当竞争，欺骗顾客、不正当的信用行为，价格串谋，签订或履行合同不诚信，歧视雇员八大类。Chonko和Hunt（1985）通过业内调查

发现，企业经理是从贿赂、公平、诚信、价格、产品、人员、机密、广告、操纵数据、购买和其他11个方面评价企业营销道德的。Fritzsche（1998）将评价体系简化为贿赂、胁迫、欺骗偷窃、不公平、歧视五大类。基于五种主要的道德哲学观，Reidenbach 和 Robin（1990）使用零售商商店经理开发了一个商业道德量表。该量表由道德资产、相对主义和社会契约论三个因素的八个语义差异量表构成。之后，Reidenbach 等（1991）选择了更多的样本群体检验和扩展了 Reidenbach 和 Robin（1990）的量表，结果显示该量表具有较好的信度和效度。Vitell 等（1993）为了营销经理在决策时评估所面临的营销道德，开发了营销道德规范量表。Muncy 和 Vitell（1992）开发了一个消费者道德量表，检验关于各种问题行为的道德信念。他们的研究提出了四个维度：受益于非法活动、被动地获益、从欺骗实践中获益、无伤害和不犯规的活动。之后，Vitell 和 Muncy（2005）增加了新的项目来修正和更新了 Muncy 和 Vitell（1992）的量表。这些新的项目被分为三个不同的类别：下载和购买假冒伪劣产品、回收/环保意识、做正确的事情/行善。McIntyre 等（1999）分析了消费者对企业道德行为的认知，发现了两个关键维度：公平和诚信。它们分别反应了企业对顾客的优待程度以及企业是否刻意隐瞒真实信息。Jeurissen 和 Bert（2006）指出消费者主要从产品、价格、分销和促销4个方面评价企业营销道德。

　　国内学者的研究主要有：甘碧群和曾伏娥（2004）通过消费者问卷调查发现，中国消费者主要从诚信度、诱导性、公平交易、顾客价值、公平竞争、社会责任和强迫性7个方面评价企业营销道德。甘碧群等（2006，2008）从消费者视角，通过探索性研究得出产品信号的真实可靠、价格的公平性、高压促销、企业社会责任、利用企业优势五大营销道德指标，并将其归于促销因子、诚信因子、社会责任因子、公平竞争因子。石金涛等（2007）将企业非道德行为定性为损害消费者和他人利益的行为，包括企业行贿、不公竞争、诈欺、歧视消费者等。庄贵军和郭黯霞（2009）从关系营销的角度实证研究了灰色营销道德（主要是商业贿赂）的评价问题。夏恩君和薛永基（2008）在对国内外企业营销道德研究成果总结的基础上并结合问卷调研给出了企业营销道德价值取向模型。研究表明，中国企业营销道德的价值取向应体现在商品安全健康、营销信息对称、定价合理、非歧视与公平竞争和售后服务五个方面。刘思强等（2013）在对营销道德、关系质量已有文献回顾和整理的基础上，构建了两者影响的研究模型，并以垄断竞争市场下的银行消费者为调查对象，探讨了营销道德对关系质量的影响及垄断感知的调节作用。结果显示，营销道德各维度对满意、信任、承诺有正影响，其中诚信、价格公正影响明显，是营销道

德的核心內容。研究還顯示壟斷感知較強的情況下，消費者更註重保健性質的道德因素；較弱時，才註重激勵性質的道德因素。目前人們關注的焦點是營銷道德重要性與營銷道德評價，而有關營銷道德作為前置因素究竟會對市場主客體行為產生何種影響的研究還不多見，營銷道德的作用機理還是個黑箱（周秀蘭，2011），諸多研究還處於思辨階段，實證研究較為缺乏（龔長宇和張壽強，2008）。

## 2.2 在線零售商營銷道德的內涵和測量研究

隨著新經濟的發展，電子商務及在線零售發展迅速。由於互聯網的廣泛性、開放性和隱蔽性，將營銷和消費者服務轉移到網路上面臨巨大挑戰，包括道德問題的出現及由此導致的負面消費者反應（Wirtz et al., 2007）。在線零售營銷活動日益引起了道德實踐問題（Roman, 2010）。這已成為消費者在線購物的最大挑戰。由於許多在線零售商的營銷行為突破了傳統道德的規範，發生了一些新的違背道德的行為。因此，在線零售商營銷道德失範行為的規範和有效治理面臨網路新時代的挑戰。然后，儘管以甘碧群為代表的國內營銷道德研究學者通過較長時間的探索，較系統地闡述了營銷道德的概念和基本理論體系，並從消費者角度開發了適合於中國市場情景的營銷道德評價量表和基本框架，但這些研究均是基於實體企業的營銷道德研究，關於在線零售商業情境中的營銷道德問題還缺乏系統和深入探討。

企業網路營銷中的道德問題涉及面廣，貫穿於網路營銷活動全過程（甘碧群，2004）。然而，判斷企業某一營銷行為是否合乎道德，無論在國內還是國外，至今都沒有統一的普遍適用的準則。企業營銷道德是企業為了自身發展的目的而制定的行為準則。理智的企業應把利益訴求控制在合理的範圍內，並以消費者利益作為確定善惡的標準。在現有的研究中，學者主要從消費者視角對在線零售商營銷道德的內涵、構成維度及測評體系進行界定，並在此基礎上分析消費者感知的在線零售商營銷道德的形成機理。對在線零售商營銷道德構成維度的相關研究主要從企業認知和消費者感知兩個視角展開，研究對象涵蓋了實體企業和網路企業所面臨的在線營銷道德問題。一些研究從企業認知的視角，對電子商務道德的表現和範圍進行了界定，涉及的道德維度包括隱私、安全、垃圾郵件、域名搶註、面向兒童的在線營銷、利益衝突、製造商和網路仲介商的競爭、誠實/真實性、產品擔保、虛假廣告等（Bette Ann Stead et al.,

2001；Kracher and Corritore，2004；Wu et al.，2006；Radin et al.，2007）。另外，國內的甘碧群（2004）和時剛強等（2006）也從企業角度分別對網路營銷的道德問題進行分類。但上述這些道德問題的研究主要停留在理論分析的層面，缺乏實證測評，而且所涉及的道德內容較為廣泛，部分內容超越了在線零售商營銷道德的邊界。國外基於企業視角對在線零售營銷道德的相關定性研究還有：Mason 提出了信息時代的四個道德問題，即隱私、準確性、所有權和可訪問性（PAPA）。這些信息道德問題至今仍被討論，但是必須從不同的角度被檢驗和分析（Freeman et al.，2005；Jackson et al.，1997；Mason，1986）。Conger 等（1995）檢驗了 Mason 的 PAPA，並且發現這些問題比他們以前考慮的更為複雜。對於未來的研究，他們提出了一些問題，包括計算時間的所有權、訪問路徑、個人信息和專業知識、隱私權利和準確性、及時應用、利益相關者識別方法、權利和責任。Turban 等（2008）指出，電子商務實施涉及許多法律和道德問題，法律問題包括隱私、知識產權、言論自由、稅收、計算機犯罪、消費者保護及其他。道德問題，基於 Mason 的研究，被歸類為 PAPA 以及其他的諸如垃圾郵件、審查制度、兒童保護、稅收、計算機犯罪。Radin 等（2007）列出了電子商務中的道德問題包括隱私、安全關注、無標簽網路廣告、域名搶註、面向未成年人的在線營銷、利益衝突、製造商與中間商的在線競爭。根據網路道德問題的一些研究，網路營銷中最常提及的道德問題是交易安全、非法活動（如詐欺和黑客）、隱私、誠實/真實、同樣標準判斷其他媒體、色情、產品擔保、剽竊、針對兒童、垃圾電子郵件、虛假廣告（Bhattacherjee，2002；Peslak，2006；Ryker et al.，2002）。Wu 和 Wu（2006）的研究檢驗了影響電子商務道德問題的因素，使用測量電子商務道德問題的指標包括隱私、交易安全、知識產權、信息的完整性和準確性。

　　同時，從消費者感知視角分析在線零售商營銷道德的內容也變得日益重要。一些研究分析了消費者在線購物時最擔心的道德問題是財務信息的隱私、網路安全、詐欺、零售商可靠性、質量（Grabner‐Kraeuter，2002；Miyazaki and Fernandez，2001；Koehn，2003；Milne and Culnan，2004；Ward et al.，2005）。這些研究較為分散，其中，隱私和安全（Bush et al.，2000；Miyazaki and Fernandez，2001；Singh and Hill's，2003）多被視為在線消費者最重要的道德問題。Bush 等（2000）採用開放式問卷調查發現，美國在線消費者從交易安全、網站非法行為、隱私保護、網路信息真實性 4 個方面評價網路企業營銷道德。Miyazaki 和 Fernandez（2001）發現在線消費者對隱私保護、系統安全性和詐欺行為這 3 個方面的道德問題比較敏感。Ranganathan 和 Ganapathy

（2002）發現在線 B2C 消費者比較關注網站所提供的信息內容、網站設計、安全性和隱私權這 4 個方面的內容，並且最關注的是安全性和隱私權。Roman（2007）的一項研究提出了捕獲消費者感知的在線零售商道德的具體測量框架和內容。結果顯示在線零售商營銷道德由安全、隱私、非詐欺、履行/可靠性 4 個維度構成，這一研究有效拓展和豐富了消費者感知的網路零售商道德內容。不過，儘管經過信度和效度檢驗顯示量表有好的心理測量特性，但他認為需要在其他消費者樣本中進行進一步跨文化檢驗。Nardal 和 Sahin（2011）運用 Roman 的量表對土耳其在線消費者感知的網路零售道德進行測量和檢驗。結果顯示，網路安全、隱私、可靠性和非詐欺是影響在線零售增長的重要問題。Cheng 等（2014）基於交易過程的角度構建了電子商務網站道德模型。該模型表明，消費者主要從銷售行為、安全、隱私、可靠性、服務補救 5 個方面感知和評價電子商務企業的道德水平。還有些學者聚焦於分析在線零售商在網站上披露隱私和安全政策以及對消費者在線購物感知風險的影響。例如，Miyazaki 和 Fernandez（2000）研究發現，網站上的隱私和安全陳述的百分比與消費者在線購買意願積極相關。后來，Milne 和 Culnan（2004）調查了在線消費者為什麼在各種情況下閱讀隱私申明。他們發現閱讀隱私申明是消費者使用的僅有措施去管理披露個人在線信息的風險。Pollach（2005）從語義學的角度檢驗了在線零售商的隱私政策。他們的研究突出了公司隱私政策的障礙，增強和減輕不道德數據處理實踐，並且使用有說服力的呼籲增加在線零售商的可信度。最近，Meinert 等（2006）的研究發現，消費者提供信息給在線零售商的意願隨著隱私擔保陳述的增加而增加。他們的研究揭示，絕大部分消費者意識到隱私政策陳述，只有不到一半的消費者曾經閱讀過隱私陳述。

國內的研究方面，甘碧群和廖以臣（2004）將網路不道德現象歸納為 4 大類：不正當收集和使用消費者個人信息、網上發布虛假和不健康甚至違法的信息、使用垃圾郵件營銷方式、網上交易的詐欺行為。時剛強等（2006）通過定性研究將企業網路營銷道德歸納為隱私保護、信息詐欺、數字化產權、信息污染、信息安全和其他問題 6 類問題。王俊（2006）總結了 10 種與網上購物有關的不道德行為，如交貨延遲甚至在交款后沒有收到商品、網上標註低價的商品永遠缺貨等。閻俊和陳麗瑞（2008）認為網站營銷道德是指網路企業的營銷活動符合人們道德規範的程度，即網路企業在交易活動中體現的道德水平。他們通過問卷調查構建了一個中國本土文化環境下的 B2C 網站營銷道德評價模型，數據分析發現，交易結果的可靠性、交易過程的安全性、促銷的誠信性、競爭的公平性和廣告的適度性 5 個因子顯著影響著在線消費者對 B2C

網站營銷道德的評價。蔣侃（2012）在文獻研究的基礎上，將在線零售商道德歸納為交易過程安全性、隱私保護、交易可靠性、公平、非欺騙性 5 個方面。交易過程的安全性反應了消費者對在線交易帳戶信息、支付方式的安全性感知。隱私保護反應了消費者對個人信息收集、使用方式的合理性感知。交易可靠性是消費者對產品信息描述的真實程度與交易結果的感知。在線零售商必須提供清晰的、準確的以及足夠的信息，保證訂單準確無誤地被執行，這樣消費者才有可能做出正確選擇，得到他們所需要的商品。公平是指在何種程度上消費者認為獲得了公平交易條件，如質量保障、價格歧視、退換貨方式。非欺騙性是指在何種程度上消費者認為網上零售商不使用欺騙性或操縱行為來說服消費者購買該網站的產品。這一維度側重於消費者對網上零售商的欺騙/誤導手法的感知，而不是欺騙行為本身。

## 2.3 在線零售商營銷道德的形成機理研究

儘管多數研究文獻涉及的是探討在線零售商營銷道德構成要素在消費者道德感知和評價中的作用，但也有少量研究進一步分析了部分人口和心理統計特徵變量在在線零售商營銷道德感知形成中的作用機理。Mitra 等（2008）關於在線廣告對消費者信念形成的影響研究中，基於學生樣本的實驗研究發現，當消費者介入越低，詐欺的影響更大。Roman 和 Guestars（2008）分析了消費者的一般網路專長對網路零售商營銷道德感知的影響。Shergill 等（2005）基於新西蘭在線購物者調查分析發現，不同類型的在線購買者（嘗試者、偶爾購物者、頻繁購物者和定期購物者）對網站設計和網站可靠性有不同的評價，但是對網站安全/隱私問題的評價類似。Yang 等（2009）的研究發現，宗教信仰和性別與消費者感知的網站道德績效顯著相關。

雖然學界對影響消費者感知的在線零售商營銷道德水準高低的人口統計特徵和心理統計特徵因素進行了相關闡釋，但消費者特徵在消費者感知的購物網站道德績效中的作用應被進一步研究，應考慮個人特徵變量如認知風格、消費者個人價值如道德意識對消費者道德感知的影響（Cheung and Lee, 2006; Freeman and Peace, 2005; Steenhaut and Van Kenhove, 2006），分析人口統計變量（如年齡、教育水平、種族、計算機水平）對在線零售商道德感知的影響（Arjoon and Rambocas, 2012）。因此，未來研究趨勢是進一步完善在線零售商營銷道德的結構內容和測評體系，並進行不同人口統計特徵的比較分析，

增加在線零售商營銷道德評價的實踐性、針對性和操作性，為在線零售商營銷道德行為的治理提供標準體系。

## 2.4 在線零售商營銷道德對消費者行為的影響研究

雖然傳統零售情境中的研究已經在過去獲得巨大進展，但關於消費者對在線零售商道德行為感知和反應的研究還處於起步階段。在線消費者高度關注在線零售營銷道德的履行情況，並利用自己掌握的資源來支持企業的營銷道德行為，如正面口碑、忠誠度、購買行為等。現有關於在線零售商營銷道德維度及其結果變量關係的研究主要有：

（1）對滿意、信任和忠誠的影響。信任是電子商務成功的關鍵因素，在電子商務情境下得到了廣泛的研究和認同。Pollach（2005）的研究發現，公司隱私政策有助於增加在線零售商信任。Yang 等（2009）調查了購物網站的感知道德績效對消費者信任的影響。他們通過情景模擬的實驗研究表明，購物網站感知道德績效、信任信念、信任意圖之間的假設關係被驗證，信任信念在購物網站感知道德績效與信任意圖的關係中起仲介作用。同時，消費者特徵變量（教育）對網站道德績效與消費者感知的道德績效有調節作用。由於消費者容易從一個網路商店轉移到另一個網路商店，消費者對在線零售商的忠誠看起來很難維持（Bergeron，2001），因此它已經成為在線零售商面臨的一個主要問題（Kabadayi and Gupta，2005）。Roman（2010）調查了單一的在線零售商詐欺行為維度對消費者滿意和忠誠意圖有消極影響，並且分析了產品類型（商品和服務）、消費者網路態度和消費者的人口統計特徵對感知詐欺與關係結果的調節作用。Limbu 等（2011）從整體視角檢驗了消費者感知的在線零售商道德對網站滿意和忠誠的影響。結果發現，非詐欺、履行和安全對網站滿意有顯著影響，但只有隱私與忠誠積極直接相關。履行和非詐欺對忠誠的直接影響不顯著，滿意在消費者感知的網路零售商道德與網站忠誠的關係中起仲介作用。Arjoon 和 Rambocas（2012）基於特立尼達和多巴哥消費者的研究，證實了消費者感知的在線零售商道德與消費者忠誠有直接的積極關係。

（2）對口碑的影響。口碑作為一種人與人之間自然擴散的傳播方式，具有高可靠性、低傳播成本的優點，在影響在線消費者的態度和行為中起著至關重要的作用（Wangenheim and Bayón，2007）。研究發現網站道德要素（如安全、隱私）對口碑推薦有積極影響（Yang et al.，2009）。蔣侃（2012）在企業

識別理論和社會認同理論的基礎上,構建了在線零售商營銷道德、企業道德識別、消費者-企業認同與口碑之間的關係模型。研究發現,在線零售商營銷道德通過企業道德識別和消費者-企業認同對口碑產生正向影響。Roman 和 Cuestas(2008)基於對 357 個在線購買者的抽樣調查數據分析顯示,消費者感知的在線零售商道德對消費者口碑推薦有積極影響。

(3)對感知風險和購買行為的影響。一些研究也檢驗了消費者對在線零售商安全線索的感知和反應。這些研究多數證明了網路安全線索降低了消費者的風險感知(Van Noort et al., 2008),並且相比離線環境更能降低在線環境中的感知風險(Biswas and Biswas, 2004)。Miyazaki 和 Fernandez(2000)的研究顯示,網站隱私和安全陳述的比重與消費者在線購買意圖積極相關。隱私和安全影響了消費者從在線零售商的購買意願(Adam et al., 2007)。Adam(2006)的研究表明,在三個道德因子中,隱私和安全被認為對購買意願有積極影響。Limbu 等(2012)的研究表明,消費者感知的在線零售商道德顯著影響消費者信任及其對零售網站的態度,消費者信任和對零售網站的態度積極影響重顧意願和購買行為,態度和信任在感知道德和行為意圖的關係中起仲介作用。

## 2.5 在線零售商營銷道德失範及治理研究

現有意義上對企業營銷道德的關注起源於 20 世紀 60 年代的美國,但關於在線零售商營銷道德的研究起始於 20 世紀 90 年代。雖然已經累積了一定的理論文獻,但多數研究集中在從消費者的角度出發探討在線消費者對在線零售商營銷道德的感知和反應,而缺乏從在線零售企業視角,考慮在線零售商應該遵循怎樣的道德規範以及如何做出道德性的決策,以給廣大消費者和社會帶來最大福利。通過文獻梳理,關於在線零售商營銷道德失範及治理的相關研究很少。其中,甘碧群(2004)提出從宏觀法律規範與興論監控、中觀行業協會管理、微觀企業自律層面提出對網路營銷中的道德問題進行規範。時剛強等(2006)認為企業網路營銷道德問題的規範可以從企業外部力量的約束和企業內部的自律兩個角度進行。但這些研究結論過於籠統,普遍缺乏實證調查的支持和對策建議的針對性,使得研究方案的可操作性和應用性較差。

## 2.6 現有研究評介

儘管國內外從企業和消費者的視角對在線零售商營銷道德行為進行了一定的研究，但呈現出一些特點和不足：

第一，國內外關於在線零售商營銷道德結構內容和測評指標不一致和不完善。與國外部分學者將安全、隱私、非詐欺、履行/可靠性視為消費者感知的在線零售商道德維度不同，國內學者提出了不同的維度和測評指標。國內外分類標準的不一致不利於為中國在線零售商營銷道德的評價提供科學的測評手段與工具。同時，現有在線零售商營銷道德的測評指標主要由顯性指標構成，測評內容並不完善。這些顯性指標雖然可以揭示出營銷道德的一部分甚至大部分內容，卻損失了其中可能很有價值的隱性信息，如在線零售商的社會責任意識和行為。隨著時代變遷，加上營銷道德的複雜性和模糊性特點，道德規範和標準也隨之變化。現有研究忽略了對在線零售商社會責任營銷的考量，缺乏考察在線零售商對社會功能和利益的追求和實現，需要在未來加以分析。因此，未來研究趨勢是進一步完善在線零售商營銷道德的結構內容和測評體系，增加在線零售商營銷道德評價的實踐性、針對性和操作性。

第二，在線零售商營銷道德的形成機理研究不足。雖然學界對影響消費者感知的在線零售商營銷道德水準高低的人口統計特徵和心理統計特徵因素進行了相關闡釋，但消費者特徵在消費者感知的購物網站道德績效中的作用應被進一步研究。這些因素為什麼會影響到在線零售商營銷道德？其內在機理是什麼？還有哪些因素會影響在線零售商營銷道德？這些問題都有待進一步深入研究。因此，未來研究應繼續深入探索在線零售商營銷道德的驅動因素及其作用機理。

第三，在線零售商營銷道德行為的消費者回應機理不清晰，缺乏有效的理論解釋。現有研究對消費者感知的在線零售商營銷道德的差異性，消費者如何對在線零售商營銷道德行為進行回應及其深層次原因，這種回應又如何體現在消費者在線購買意願的變化上，還缺乏深入、有效的理論解釋。由此，借鑑營銷道德等領域的相關理論，進一步理清消費者對在線零售商營銷道德行為的回應過程及其調節機制是未來需深入探討的方向。現有研究集中在在線零售商營銷道德維度對滿意、信任、忠誠、口碑和購買意願等消費者行為變量的影響方面，但這些研究只是零散地出現在各種概念模型中，缺乏對消費者行為的影響

效應進行深入分析。由於消費者個體有更多的態度、情感和行為反應，因此，未來研究應該提出一個更為全面、深刻的研究框架來分析在線零售商營銷道德與消費者行為變量的複雜關係。

第四，在線零售商營銷道德失範的有效治理研究不足。現有研究普遍沒有考慮在線零售商應該遵循怎樣的道德規範，如何做出道德營銷決策，以給消費者和社會帶來最大福利。因此，未來的研究應建立在實證分析的基礎上，系統提出在線零售商營銷道德的治理對策和管理建議。

第五，缺乏對中國 B2C 情境下在線零售商營銷道德行為的量表及消費者回應機理的系統研究。文化被視為影響道德決策的最重要因素（Ferrell et al., 1989）。中國作為全球重要的在線零售市場，有不同文化特徵，決定了中國 B2C 情境下在線零售商營銷道德行為的消費者回應有不同表現。這還需要深入探討和總結規律。同時，國外關於在線零售商營銷道德結構的研究還普遍未在國內在線零售情境中進行佐證。過去的研究也顯示消費者在線行為隨著不同的文化而變化（Chau et al., 2002；Park and Jun, 2003）。這導致需要使用有效的測量工具在不同的文化和國家推廣研究結論。因此，使用不同的樣本再次檢驗和豐富消費者感知的在線零售商道德量表效度是必要的。

# 3 在線零售商營銷道德失範的內涵、成因及治理機制

本章主要針對在線零售商營銷道德失範現象進行定性探討和理論分析，深入理解在線零售商營銷道德失範的概念、表現形式以及成因，從而提出防範在線零售商營銷道德失範現象出現和蔓延的治理機制。

## 3.1 在線零售商營銷道德失範的概念和表現形式

從20世紀60年代起，西方學界開始研究企業市場營銷中的道德問題，營銷道德逐漸成為企業道德研究的一個重點。20世紀90年代以來，伴隨著中國經濟快速發展和轉型所出現的非道德事件頻發，營銷道德開始引起了中國學者的關注。與此同時，隨著電子商務和在線零售活動的快速發展，日益出現了道德實踐問題，已成為制約消費者在線購物的不利因素。然后，現有相關研究主要是基於傳統實體企業情境中的營銷道德研究，還普遍缺乏針對在線零售情境的營銷道德的系統理論研究。在線零售商營銷道德是調整在線零售商與所有利益相關者之間的關係的行為規範的總和，反應了在線零售企業的營銷活動符合人們道德規範的程度，主要涉及在線零售商在交易活動中體現的道德水平。從廣義上講，在線零售商的營銷道德行為是解決企業如何承擔好社會責任，妥善解決企業利益同顧客利益、自然環境利益以及社會利益的關係，強調營利與道德的雙重標準，杜絕損害消費者、社會和公眾利益的營銷行為。從狹義上講，在線零售商營銷道德行為主要強調在線零售商對核心利益相關者——消費者利益的滿足和維護。如果在線零售商在營銷活動中違背了道德標準，就會產生一系列的營銷道德失範現象，從而對消費者乃至社會造成惡劣影響，破壞企業的形象和持續發展。

在實踐中，在線零售商營銷道德是社會道德在在線零售企業營銷活動中的

體現。營銷活動作為企業的經營和社會行為，需要一定的評價準則或標準。然而，判斷某一營銷行為是否合乎道德，在很多情況下並非想像的那麼容易。關於什麼樣的行為才是符合道德標準的問題，理論界由此爭論產生兩大派別，即依據行為的動機或過程判定道德標準的道義論和依據行為的結果判定道德標準的目的論。本書認為應當將目的論與道義論結合起來，即把動機與后果結合起來作為判斷在線零售商營銷道德的依據。至於具體的評價依據和標準則要根據在線零售商營銷道德失範現象及表現形式進行界定。縱觀在線零售商營銷活動的整個過程，在每一個環節上，在線零售商都可能出現道德失範問題。企業營銷道德問題涉及的面很廣，貫穿於企業營銷活動的全過程，即從營銷調研開始，到針對目標市場的選擇、制定產品、定價、分銷、促銷策略等（甘碧群，1997）。在線零售企業在每個營銷環節上出現道德失範問題，都會威脅到消費者、社會等廣大利益相關者的利益。在線零售商營銷道德失範現象同樣貫穿於整個營銷活動過程，包括信息發布、信息收集、客戶服務以及各種網上交易活動等。由於在線零售商營銷道德涉及範圍十分廣泛，本書主要探討在線零售商營銷中具有互聯網獨有特性的道德問題。結合實體企業的營銷道德行為以及網路交易過程中非倫理現象，本書將在線零售商營銷道德失範現象及其表現形式歸納為以下幾類：

（1）隱私侵犯

個人信息保護是在線零售中早已受到關注的話題，然而，目前電子商務網站對消費者個人信息保護仍存在種種問題。這種狀況已經成為在線零售商業市場發展的制約因素之一。隱私權問題可能是 21 世紀網路營銷中最突出的道德問題。個人隱私安全問題將繼續影響在線零售商業的發展，電子商務網站對用戶個人信息的保護是一項長期而艱鉅的任務。在利益驅使下，有些在線零售商在網路應用者不知情或不情願的情況下，採取各種技術手段取得和利用其相關信息，侵犯了上網者的隱私權。一是非法獲取、公開和使用消費者信息。收集和使用消費者個人信息，包括收集信息過程中侵犯消費者的知情權（cookie 記錄上網消費者的一些個人信息，如上網時間和偏好等）。在未經消費者同意情況下，企業可以在網上很容易獲取消費者個人信息，包括消費者的姓名、郵件地址、收入、職業以及愛好等，甚至包括個人銀行帳號等絕密資料。即使有許多企業在獲取消費者信息時所採取的途徑是正當的，然而在對所獲取的信息的處理和使用上卻出現了不道德行為，比如在使用信息過程中違背收集信息的初衷，出賣個人信息來賺錢。在線零售商以要求用戶進行註冊的方式來獲取消費者的信息往往被認為是合乎情理的，然而這些都是以企業對消費者個人信息隱

私的保密承諾為前提的。部分企業為了短期的利益，違背承諾，私自公開或出賣消費者個人信息，極大地侵犯了消費者的隱私權。在線營銷過程中，消費者不僅是個人信息的提供者，也是個人信息使用範圍的參與決定者，享有對個人信息的所有權。營銷人員只能在營銷過程中使用顧客主動提供的個人信息，未經用戶許可，不可以與其他企業共享，更不應將顧客的個人資料作為商品進行交易。二是利用垃圾郵件開展營銷泛濫。電子郵件營銷是一種擁有巨大的潛在商機的新興廣告營銷手段，然而源源不斷不請自來的廣告郵件的狂轟濫炸令消費者苦不堪言。在線零售商的這種冒失的廣告營銷方式極大地侵犯了消費者私人空間。這裡面可能蘊含著一個更深層次的道德問題，那就是消費者的郵件地址等私人信息可能被郵件營運商非法出賣。

（2）安全缺失和詐欺現象

由於網路空間的虛擬性以及網路行為的匿名性，在繁雜的網路信息中充斥著大量的虛假內容。從網路進入人們的生活開始，網路安全問題就一直存在。在線購物中，消費者對網路安全也有很大擔憂，諸如用戶的個人信息、交易過程中銀行帳戶密碼，轉帳過程中資金的安全，以及物流配送時商品的安全等問題。這些顧慮無疑會給網路購物蒙上一層陰影。網路詐欺和安全已成為其中的一項重要的道德問題，這在網路營銷交易過程中尤為明顯。交易過程的安全性反應了消費者對購物網站交易過程安全性的感知，包括不能提供安全支付方式、系統沒有安全保證、網站沒有足夠預防病毒的安全措施、交易前不能提供所有條款方便顧客購買、洩露個人信息、要求與交易無關的個人信息、提供的交易信息不充分、無隱私保護聲明等。另外，由於網路交易中的商流和物流在時間和空間上的分離，消費者取得商品所有權與取得實際商品在時間上是不一致的，實際商品的取得需要物流來最後完成。加之，網上購物與傳統購物方式的最大不同是交易雙方不見面，交易的虛擬性強。消費者看不到商家，亦摸不到商品，只能通過網上的宣傳瞭解商品信息。這種時間和空間上的分離給一些不道德的在線零售營銷者提供了詐欺的空間，使消費者權益較網下交易受損的可能性加大。在一項關於網路安全的調查中，有的人表示曾頻繁遭遇過網路侵權，在遭遇過網路侵權的網民中，有人表示曾經遭受過網路詐騙。違反道德的網路詐欺行為主要表現如下：一是虛假交易，騙取貨款。有些企業在網站上宣傳的商品與實際支付給消費者的商品大相徑庭，原本價高質優或物美價廉的商品到了消費者手中就變成了假冒偽劣產品。更甚者有些企業乾脆採用虛假交易來直接騙取消費者的錢財。這些坑害欺騙消費者的行為已經遠遠地超出了道德的界限。二是以次充好，以假充真。消費者在網上看到的商業信息大多數是文

字介紹和一些簡單的平面圖形，文字和圖形都可以進行美化處理，與實實在在的商品本身還是有差別的。這給以次充好、以假充真的詐騙者製造了機會。

（3）惡性的或不正當的競爭

市場競爭要求公平、合理競爭，不能損害對方合法權益。在同行競爭方面，營銷道德的要求是公平、合理競爭，不能損害對方合法權益。一些企業卻不乏惡性競爭，或以不可告人的方式去獲得競爭對手的知識產權和商業秘密，或使用商業間諜、利用高新技術竊取對手商業秘密，或以賄賂手段收買對方工作人員，拉社會關係進行關係營銷或權力營銷等不平等、不正當競爭。一些企業間大打價格戰，相互攻擊、互相誹謗。在線零售商營銷中採用不正當競爭手法的很多，這種競爭的公平性主要指消費者對網站是否採取不正當競爭方式的感知，包括模仿或者抄襲競爭對手的界面設計、惡意價格競爭、頻繁變動產品售價、經常貶低競爭對手、搶註競爭對手商標、網路搜索引擎運用道德性、網路流量統計及運用道德性、大量占用 BBS 等廉價公共資源等。並且，在促銷和廣告活動中與競爭對手比較，惡意模仿其他企業的產品、包裝、商標或品牌，利用網路強迫性廣告進行不正當競爭行為。一些網站會彈現很多的廣告，有的是整版的廣告，或某廣告在眼前晃來晃去，令人心煩。這些強迫性廣告占用了網民很多的時間。人們面對這些強制性廣告一籌莫展。在競爭中，有些在線零售商無端指責對手的商業活動、服務、營業行為，使其在市場中失去信譽，損害競爭對手的形象；採用低價手段有計劃地以低於成本或購進價進行銷售，影響競爭者的商品或營業形象，或將對手擠出市場的戰略行為，嚴重損害市場競爭。一些企業為了自身利益而採取一些不正當手段盜取對方企業的商業秘密，利用禮品、獎賞或其他類似物對消費者進行籠絡，並經常採用宴請、娛樂、送禮、回扣、賄賂等不正當的競爭手法，擾亂正常的銷售秩序。在線零售商業中，類似向同行「潑臟水」的惡性競爭時有發生，並正呈現出蔓延趨勢。比如在競爭者網頁上進行惡意的差評。同時，電腦病毒、黑客等網路敵人的猖獗對企業及公眾信息安全造成了極大威脅。某些在線零售商為了達到一定的商業目的，利用電腦病毒或雇傭電腦黑客攻擊競爭對手的網站，給對手造成極大損失甚至是致命威脅。這種不正當的競爭行為應當受到道德的譴責和法律的制裁。

與此同時，隨著互聯網的快速發展以及數字化技術的突飛猛進，在線零售營銷中的道德問題開始出現於更廣泛的數字化領域，包括網路特許經營權、商業秘密以及數據所有權等方面。這也是在線零售商所必須面對的巨大倫理挑戰。目前，由於在線法律還處於發展的初期階段，在企業網路營銷中出現的另

一個比較嚴重的非公平競爭道德問題是對數字化產權的侵權問題。這些產權包括版權、商標權、專利權等。隨著數字化技術和互聯網的發展，複製和修改數字化作品、上傳及下載各種帶有知識產權的信息變得越來越簡單。一些在線零售商營銷時不注意對版權的正式聲明，甚至冒充版權所有者，嚴重地侵犯了版權所有者的合法權益，也違背了商業倫理道德。域名是企業在互聯網上的註冊商標。目前，這方面所存在的道德問題主要有網路侵占（詐欺性地註冊與現有企業實體或競爭對手域名及商標相似的域名）、惡意搶註（惡意地搶先將其他企業的商標、商號等註冊為域名，然后高價出售以獲取非法商業利益）、不正當使用元標籤及超級連結。與專利權相關的企業營銷道德問題包括有些在線零售商對包括軟件在內的用以指導企業商業活動的營銷渠道和方法的商業專利進行非法使用以及過分強調對專利的保護，而損害了知識的共享權。這不但阻礙了知識的傳播與共享，還在一定程度上影響了社會的發展。

（4）誠信經營和可靠性缺失

互聯網路的到來使網路環境成為對當今企業有著重要影響的客觀經營環境。電子商務的吸引力讓許多企業迅速地將其業務拓展到互聯網上。但困擾電子商務的重要環境因素之一就是信用問題。信譽度是網路購物中最為突出的問題。網路的虛擬性等特點往往容易使沒有嘗試過網路購物的網民對網站不信任，怕受騙，擔心商品質量問題和售後服務，質疑其安全、程序繁瑣麻煩，以及對付款和配送擔心等。無論是買家還是賣家，信譽度都被看成是交易過程中的最大難題。比如中國互聯網信息中心的報告顯示，多數消費者認為網上交易的最大障礙是產品質量、售後服務及廠商信用得不到保障。一般地講，由於網路空間的廣泛性和虛擬性，交易的任何一方都無法迴避交易主體難以確認、資信程度難以保證、詐欺行為難以防範以及交易物品質量難以確保等一系列問題，從而增大了市場交易的不確定性。在線零售商營銷中的可靠性與誠信問題主要體現在交易結果的可靠性、促銷的誠信性等方面。交易結果的可靠性反應了消費者對B2C網站交易結果可靠性的感知，包括產品質量與宣傳不一致、價格與宣傳不一致、產品與訂購不一致、合同履行的可靠性、網上標註低價的商品永遠缺貨、多次延遲交貨、在交款后沒有收到商品、對運輸中產品損壞不負責、售後服務不周到等。近年來，隨著網路購物的快速發展和網上消費的持續增長，如何吸引消費者產生網上消費已不再是商家面臨的最大問題。相反地，消費者在購物后隨之而來的各種強烈不滿，讓網路商家飽受質疑。網購商品出現質量等問題時，消費者往往只能通過電話聯繫商家解決。儘管有些商家有專門的售后服務部門，但其對於消費者的正當訴求常常不積極回應，採取拖

延、推諉戰術，使「無理由退換貨」成為空談，更有些商家甚至拒絕履行這一服務承諾。促銷的誠信性是指消費者對在線零售商是否使用欺騙、誘導或者其他的手段來說服自己購買產品的感知，側重於對銷售手段和無欺騙性的感知，也反應了中國在線消費者對於誠信因素的高度重視。促銷的誠信性包括網站提供信息內容的真實性、廣告信息的完整性和真實性、廣告的合法性（專門針對兒童的廣告、包含性訴求的廣告、用兒童做成人用品廣告）、虛假承諾（企業履行促銷承諾和服務承諾的程度、產品實際功能/質量與其承諾的功能/質量相一致的程度），網上發布虛假和不健康甚至違法的信息、隱瞞瑕疵信息、對產品展示圖片偏離實際不負責任、使用虛假獎金和托兒等手段誘導用戶購買產品、打折前先調價、有期限免費服務、未經通知就將免費項目轉為收費項目等。同時，一些零售商頻繁變動產品價格、採用歧視價格、與其他企業訂立價格同盟、大幅度變動價格、捆綁銷售、低於成本定價、在商品廣告中只表明最低價格、以低價投放新品待消費者熟悉後大幅提價、促銷時提供的贈品在品質或服務上存在缺陷，並通過過度的廣告連結以及過大廣告畫面妨礙視線等方式誘導消費者產生在線衝動型購買行為等，都違背了在線經營的誠信原則。

目前，網上商業信息發布和廣告活動已經成為影響和破壞在線零售商業誠信問題的重要來源。在網上發布商業信息中違反道德的行為主要有兩個方面。一是發布虛假信息。信息發布者利用網上交易雙方不見面、購買者見不到商品的交易特點，銷售的商品同網上廣告宣傳的商品相距甚遠，有的商品甚至是偽劣品。網路上信息傳播的真實性問題已經成為一個主要的問題。近一段時期，國內一些經濟發達地區的消費者，對於網上發布的虛假廣告投訴急遽增加，網上虛假廣告已成為各級工商行政管理部門和消費者協會受理投訴的新熱點。二是發布內容與形式不健康甚至違法的信息。有些企業發布虛假價格信息，其為了吸引消費者的注意力，事前往往聲稱產品免費，等到消費者點擊後，常常要消費者註冊交費；有些企業網路營銷價格政策不透明；等等。虛假、不健康甚至違法的網路廣告日益增多。網路廣告在傳播速度、方便受眾、增強交互性等方面發揮巨大優勢的同時，也存在很多困擾網路廣告健康發展的問題。互聯網上的一些廣告主利用虛假的事實進行廣告，以騙取消費者對其產品或服務的信任，從而成為購買其商品或服務的潛在客戶。有些特殊商品廣告發布前未經有關部門審查，內容不健康，存在著嚴重的問題。經常上網的人會發現，在網上想逃避廣告的「騷擾」幾乎是不可能的。信息發布者的身分是隱蔽的，位置是不固定的，客觀上使得網路廣告信息的發布基本處於無序狀態。一些企業的信息發布者正是利用了互聯網路的虛擬環境，發布違反國家法律規定的廣告。

另外，一些在線零售商涉嫌炒作信用，虛假宣傳。如今，很多買家逛網店的第一步就是看這家店的信用評分。許多網購朋友認為，信譽度越高的商家，貨物質量就越有保障。為吸引消費者購買，一些商家會在信息展示上「做文章」，如使用 PS 后的圖片、模糊商品介紹等，其中較為嚴重的是「刷信用」。目前網路上出現了專門刷信譽度的軟件以及專門為商家刷信譽度的團體，將很多不良網店的信用度人為炒高，欺騙網民。通常情況下，消費者一般都會選擇信譽度高的賣家去購物，認為「信譽度」越高，購物風險越低。但是「信譽度」已被一些不法商家利用，成了他們謀取私利的飯碗。

(5) 社會責任缺失

在保護消費者利益和實現盈利的基礎上，在線零售商還應該堅持更高的道德標準和道德追求，即要積極承擔社會責任。社會責任是企業為所處社會的全面和長遠利益而必須全力履行的責任和義務，是企業對社會的生存和發展在道義方面的積極參與。企業社會責任的內容極為豐富，在履行經濟責任時要講道德，不能損人利己，同時在履行經濟責任以外，尚需為增進社會福利做出貢獻。由於企業也是社會的一分子，企業應該把大眾的利益和社會的公德放在首位，在關注企業自身和消費者利益的同時，考慮社會的長遠和整體利益，在營銷方式和口號上應該避免對大眾利益和社會公德帶來直接或潛在的危害。在線零售商應規避在社會責任方面只謀私利、逃避社會責任的行為。可一些在線零售商既不重視綠色環保，不參與公益活動，也不履行社會責任，反而通過對環境的嚴重污染和對生存環境的破壞以及對能源的過度消耗，而獲得自身的發展，給社會帶來了長遠的負面影響。具體而言，在線零售商社會責任缺失的現象主要有：經營過程中沒有樹立社會營銷和綠色營銷觀念，不能有效保護生態環境，提供的產品和服務不利於消費者的身體或精神健康，不合格包裝或者過度包裝導致資源浪費和污染環境等；經營過程中缺乏環保意識，不積極參與公益活動和做慈善，不積極履行社會責任，不積極幫助弱勢群體；不能依照國家法律、市場規則和商業道德規範經營管理，偷稅漏稅，不能自覺接受社會及仲介組織的審計和監督；不能有效保護職工的利益，給予員工合理的薪金和福利，積極為員工提供晉升機會，幫助和促進員工個人發展。

## 3.2　在線零售商營銷道德失範的成因

在線零售商營銷道德失範現象是多方面原因造成的，既有內在因素，也有

外部因素。外部因素主要包括市場信息不對稱、政府法規和市場監管不力、消費者自我保護意識薄弱、網路安全基礎設施不健全，內部因素有領導者和員工道德水平和素質不高、企業道德文化缺失。它們共同導致了在線零售商營銷道德失範行為的產生，並且也為在線零售商內部的道德性營銷決策和外部的治理機制的完善和改進提供了依據和方向（如圖3-1所示）。

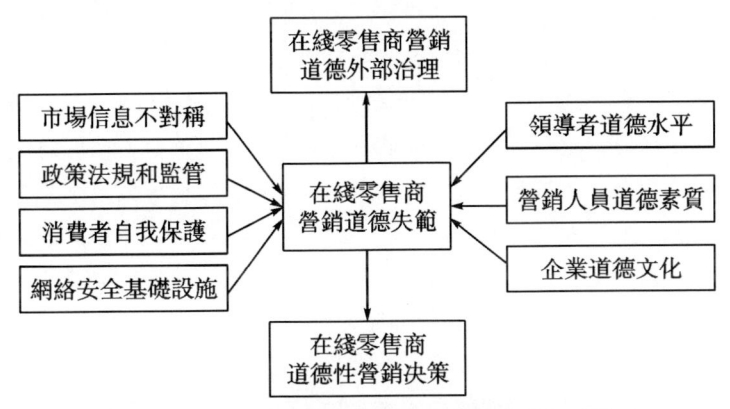

圖3-1 在線零售商營銷道德失範的成因及后效

### 3.2.1 外部因素

（1）市場信息不對稱

在線零售市場的信息不對稱表現為在線零售商和消費者對於在線零售營銷活動事件所掌握的信息量有差異。相比消費者掌握較少和不全面的營銷信息，在線零售商可以擁有更多更全面的信息。在線零售網路作為一個「虛擬世界」，充滿了豐富的信息。經在線零售市場的「虛擬」網路的作用，在線零售商和消費者之間的信息不對稱會得到進一步放大，從而為在線零售商進行違德違法活動提供了機會和條件，促使出現了諸多的不道德行為。信息的不對稱，導致在線零售商行使非道德營銷活動的成本和代價較低，同時又能獲得較大的利益。因此，這客觀上加速了在線零售商營銷道德失範現象的發生和發展。信息不對稱還在一定程度上決定了企業和消費者在在線零售市場的地位。擁有信息優勢的在線零售商和擁有信息劣勢的消費者並存，容易導致和造成「逆向選擇」和「道德風險」，從而降低在線零售商對消費者進行誠信經營活動，侵犯消費者的利益。因此，市場信息不對稱是導致在線零售商營銷道德失範的一個重要的外部條件，需要引起重視和關注。

（2）政策法規和市場監管不完善

不道德經營行為的發生與整個社會法治體系的完善程度及執法力度相關。中國在線零售市場政策法規環境不健全，是導致在線零售商營銷道德失範現象的重要制度基礎。一個國家政策法規的健全、完善和有效性以及執行的嚴格與否關係到在線零售商營銷道德的維護和培養，涉及能否為在線零售商營銷道德建設提供一個良好的政治環境。如果缺乏完善的立法規定，缺少健全的相關機構，不嚴格加以執法，或對一些違德行為採取縱容、包庇的態度，勢必就會給一些在線零售商提供可乘之機，使得在線零售市場非道德營銷行為更加猖獗。然而，目前中國電子商務領域的法律體系仍然跟不上經濟高速發展的要求，其立法的質量和數量，都與市場經濟的要求差距甚遠，從而導致電子商務交易環境中無法可依。這主要表現在法律建設不配套和不完備、相關法律的操作性不強和條款不具體、法律建設滯后、處罰較輕導致企業違法成本過低等，從而導致一些不良的在線零售營銷行為得不到及時治理。

在線零售這種新的商務活動方式不可避免地會帶來一系列的法律問題，比如電子合同、數字簽名的法律效力問題、網上交易的經濟糾紛問題、網路廣告失真和虛假，甚至詐欺等。究其因，作為一種新型的經濟模式，電子商務領域的法律法規建立必然需要一定的時間，現有的許多傳統的商業法律法規不能與之適應，導致在現階段容易出現「法律盲點」。國內還沒有針對網路購物的專門政策和法規，比如稅務問題，網路購物行業規則、規範等。在這種情況下，很多網上商業活動要遵循傳統商業的政策，對模式不同的網路購物發展造成了一定程度的阻礙。同時，政府對於在線零售商營銷行為的監管不僅需要做到有法可依，還要做到執法必嚴。法律法規不完善的結果是政府對企業營銷道德失範行為難以做到有效打擊，執法不嚴又使這些行為得不到應有的經濟、法律制裁和道德懲治。另外，中國在線零售商信用評級制度和統一的信用登記制度尚未建立，致使對在線零售商不道德的營銷行為缺乏有效的監管。當下政府對在線零售市場的監管水平與市場經濟發展的要求還不匹配，導致容易出現相關規章制度不健全、不完善，缺乏有效的監管機制。在執法監管的過程中，容易出現多頭管理導致政出多門、分工不明、職責不清等問題，並且部分管理人員政治思想及業務素質不高、執法不嚴甚至有法不依，助長了不良營銷行為的擴展。

（3）在線消費者自我保護意識薄弱

在線零售商為了謀求自身利潤最大化，可能會採取一些不良營銷行為。消費者作為在線零售商的營銷對象，如果有較強的自我保護意識，那麼這些不良

營銷行為就會受到有效抑制。然而，由於網路零售商業市場尚處於發展階段，不夠成熟和規範，消費者在在線交易過程中的自我保護意識還較薄弱。這在一定程度上為在線零售商從事非道德營銷活動提供了可乘之機，加速了違德營銷行為的蔓延。消費者在線購物和交易過程中所表現出來的自我保護意識薄弱的原因主要有：第一，受自身知識及文化素質的影響，缺乏對在線零售商不良營銷行為的鑑別力。比如，許多消費者面對網路營銷中對消費者的肖像、隱私權益的侵害，還並未意識到被侵權了，可能很多人根本就不知道什麼是網路侵權。第二，消費者的責任感不強，對在線零售商的不道德的行為漠不關心。第三，普遍缺乏消費者權益保護方面的知識，法律觀念淡薄，對損害自身利益的營銷行為，不能有效運用法律武器來保護自身利益。

（4）網路安全基礎設施建設有待加強

在線零售營銷是建立在高速發展的互聯網技術上的，具有一定的超前性和成長性。由於道德意識形態的東西通常要慢於技術的發展，而且現在對在線零售營銷道德問題的解決方法主要集中在技術、法律等方面，對其道德研究存在著嚴重的不足，因而，在線零售營銷出現了大量的道德失範的問題，也使社會承擔了巨大的成本。在線零售和電子商務的發展，要求網路傳輸有極快的回應速度和暢通的道路。中國網路的基礎設施建設還比較緩慢和滯后，其質量離在線零售營銷的要求還有一定差距。特別是在線零售營銷中密碼技術、鑑別技術、訪問控制技術、數據保護技術等網路安全技術的研究和建設還有待進一步加強。同時，中國網路支付的技術手段尚不成熟，安全通用的電子貨幣尚處於研製認證階段，在目前信用卡消費未占主導的情況下，網路分銷的現金交割只能靠用戶事前（后）交費才能完成。這距離全面的網路營銷應用，特別是企業與企業之間安全資金結算的要求尚有很長的一段路要走。因此，目前在網路安全基礎設施方面存在的技術與觀念問題也是在線零售營銷中出現不道德現象的主要因素之一。另外，信用工具和信用體系是市場經濟長期發展的產物。網路經濟發展時間不長，使電子商務賴以生存和發展的信用體系不成熟。這一方面表現為缺乏足夠多的網路信用工具；另一方面表現為這些信用工具的不完善，從而導致人們對電子商務信用工具的不信任。

### 3.2.2 內在因素

（1）領導者經營哲學和道德水平不高

企業最高領導者作為在線零售企業的法定代表人，是企業經營決策的最終決定者。儘管企業所有領導成員都參加營銷決策，但當企業法定代表人同其他

領導者產生意見分歧時，最高領導者有最后決定權。企業最高領導者還肩負著企業發展及不斷提高職工生活水平的責任、社會的經濟責任、法律責任、道德責任及社會慈善責任等。企業經營者是企業的人格化和神經中樞，其個人哲學必然融入企業經營決策的規定與實施中。如果其具有正確的經營哲學，在制定營銷決策中，就能既考慮企業的利潤目標，又考慮消費者及社會的利益，體現出企業營銷決策的道德性。反之，如果企業經營者片面追求利潤最大化而損害社會與消費者利益，其營銷決策就必然偏離道德軌跡，不能滿足消費者的要求。企業最高領導者作為企業的頭腦和心臟，其個人道德哲學必然會融入在線零售企業的經營決策中。從某種意義上講，企業哲學、企業價值、企業精神、企業目標、企業民主、企業道德等是企業最高領導者道德哲學和行為的折射和擴大。企業通過最高領導者的經營理念去影響營銷決策的制定和實施。在營銷活動中，領導者的經營理念是最根本的。正確的經營理念是以社會與廣大消費者利益為前提，並將企業利益、消費者利益及社會利益結合起來的。這種正確的經營理念會融入在線零售商營銷組合決策的制定與實施中，從而保證營銷決策的道德性。因此，只有在線零售企業最高領導者具備正確的經營哲學，在制定營銷決策時，才能在考慮公司利潤目標的同時，又註重保護消費者及社會公共利益，從而體現出營銷決策的道德性。另外，企業最高領導者的道德哲學及個人素質決定著企業的發展方向。企業管理者指導著企業的營銷活動，是其對營銷道德造成影響的主要因素。在企業行為中，這就能折射和反應出企業管理者的個人道德和個人素質情況。企業領導人如果道德水平低下，對於員工行為就勢必會造成一定的影響，進而影響到企業的營銷道德。企業通過最高領導者的權威和感召力向企業廣大職工傳播其經營理念，進而影響營銷決策的制定與實施。當企業最高領導者的經營理念是正確的，而且為廣大職工所認同和接受時，它對營銷決策會產生積極作用；反之，會產生消極的副作用，使營銷決策違背道德原則。特別是，隨著當今時代科學技術迅猛變革，產品生命週期不斷縮短，消費者需求不斷變化，加入市場的競爭者日益增多，市場競爭日趨激烈，在線零售企業如何進一步發展，在一定程度上也取決於最高領導者道德哲學及其個人綜合素質。

（2）營銷人員道德素質低下以及法治觀念淡薄

營銷人員是企業從事營銷活動的主體，營銷人員素質不高也是導致企業不良營銷行為產生的重要原因。營銷工作對營銷人員的能力要求是多方面的，既要有一定的專業知識，又要求有豐富的社會、歷史、經濟及法律等方面的知識。然而現階段，不少在線營銷人員的業務水平與此差距較大。一些在線零售

營銷人員沒有經過系統培訓，營銷觀念陳舊，缺乏現代營銷理念，素質低下。一些在線零售營銷人員認為在線營銷就是把企業的產品和服務在網路交易平臺上「推」「銷」出去，因此為增加利潤及提高市場佔有率甚至有意將偽劣產品和劣質服務推向市場，不惜採取違背法律及道德規範的手段開展營銷活動。有些在線營銷人員不能堅持以消費者為中心的營銷思想，在營銷過程中，損人利己，通過各種不合理、不正當手段謀取私利。一些道德水平不高、素質低下、觀念陳舊的銷售人員在企業營銷活動中，會採取各種非正當的銷售手段，甚至不惜採取違法的方式，以實現銷售目標，謀取暴利。這樣不僅對消費者造成了很大的損害，也不利於在線零售商的道德建設和長期發展。另外，也有一些營銷人員是屈從於企業領導者錯誤的價值取向而被迫違德營銷的。

(3) 社會文化和企業文化的缺失

文化因素是制約企業營銷道德水準的又一重要內部因素。任何在線零售商均在一定的社會文化中生存和發展，受到社會文化的制約和影響。如果社會文化是消極的，大眾的心理就會逐漸被扭曲，在線營銷過程中，還會不斷出現道德失範的現象。社會風氣不良，也會嚴重影響到在線零售商的營銷行為。在線零售商的營銷活動都是在一個特定的社會文化環境中進行的，企業的營銷道德必然受到文化的影響和制約。傳統文化與現代文明相互融合形成了複雜的社會文化環境，影響到在線零售企業員工的價值觀、世界觀、理想信條；而這些又必然在經營活動中反應出來。同時，企業營銷倫理還受亞文化層次的影響，各地區的風俗習慣、倫理道德不同，企業的營銷倫理也不盡相同。另外，西方倫理道德也影響著中國在線零售商營銷道德實踐。與社會文化相比，企業文化對企業營銷倫理的影響更為直接。企業文化是指處在一定社會背景下的企業，在長期生產經營過程中逐步形成的獨特的企業價值觀、企業精神以及以此為基礎而產生的行為規範、道德標準、企業風格習慣及傳統、經營哲學和經營戰略。企業文化對在線零售商營銷道德決策產生的影響主要體現在：第一，企業文化制約著在線零售商營銷決策的動機。眾所周知，企業文化的核心是企業價值觀，而企業價值觀引導著企業的經營行為，規定著企業領導者及廣大職工的決策動機。錯誤的企業價值觀，將引導領導者及職工片面追求利潤最大化，從而扭曲營銷決策的動機。第二，企業文化規範著在線零售商營銷決策的內容。如企業文化中的企業目標為在線零售商營銷決策指明了發展方向。企業文化中的規章制度對在線零售商的營銷行為進行強制性規範，成為企業領導者及廣大職工經營行為的規則和準則，使營銷決策更加合理化、科學化及道德化。企業文化中的行為文化如企業倫理，也規範著在線零售商營銷決策行為，因此，使營

銷決策納入倫理規範。第三，企業文化的凝聚功能有利於道德性營銷決策的實施。優秀的企業文化使在線零售商內部形成一種凝聚力和向心力，即通過企業文化所塑造的共同價值、共同意識，把全體職工凝聚在一起，對實現企業目標，提高營銷道德水平起重要作用。

## 3.3 在線零售商營銷道德失範的治理機制

在線零售商營銷道德失範問題嚴峻，形成的原因也是多方面的。因此，在線零售商營銷道德水準的提高是一項長期的、系統的工程，不僅受企業自身影響，而且受到政策、文化、法律、技術、消費者等多方面因素的影響。所以提高在線零售商營銷道德水準，需要從多方面入手，充分激發和發揮政府、行業、社會、消費者、企業多方力量在營銷道德治理中的重要作用，形成科學、合理的在線零售商營銷道德治理機制。

### 3.3.1 在線交易安全風險防範和治理機制

雖然在線零售商營銷道德建設的主體是人，但面對良莠不齊的網路信息，僅僅依靠人自身的道德修養來起作用是遠遠不夠的，一定的技術約束也是幫助道德完善的必要手段。因此，加強在線交易安全基礎設施建設，建立網路風險防範機制，可以從技術上減少和杜絕在線零售商營銷過程中道德失範現象的發生。在線零售營銷的信息安全在很大程度上依賴於安全技術的完善。要大力加強密碼技術、鑑別技術、訪問控制技術、信息流控制技術、數據保護技術、軟件保護技術、病毒檢測及清除技術、內容分類識別和過濾技術、系統安全監測報警技術等建設應用，從技術上減少和杜絕在線零售商營銷不道德問題的發生。同時，應註重在線購物網站建設的規範化，使網路隱私安全的技術規範、技術標準與國際接軌，從而在統一的網路環境中保證隱私信息的絕對安全。進一步通過建立網路風險防範機制，強化在線零售商營銷道德問題產生前的預防、發生中的抑制和發生后的補救等措施。

### 3.3.2 強化政府法制建設和市場監管機制

加強在線零售商營銷道德建設需要政府的大力支持。對於網路營銷中銷售假冒偽劣商品、誇大商品功效、採用不正當競爭手段等道德失範行為，國家有關部門要對相關行為主體進行堅決的取締和制裁。有關部門亟須加強對營銷道

德監管的制度化建設，以彌補現存的監管漏洞，並銜接未來的監管要求。政府要大力開展網路道德、網路營銷道德的教育，不斷完善網路與網路營銷有關的法律，建立好的社會信用體系。營銷道德是企業進行營銷活動的底線。道德不具備強制性的約束力，就會造成企業為了謀取高額利潤，而採取損害消費者利益的營銷行為。即便企業這些非道德的行為受到了社會公眾的譴責，但企業並沒有受到懲罰，營銷道德對此是很難發揮作用的。為此，就必須借助法律的手段來制約和打壓這樣的非道德營銷行為，通過法律的手段，強制企業遵守和執行營銷道德。儘管法律不能解決所有的問題，但其給消費者以及誠實經營的企業帶來了很好的保障。有的道德規範儘管不能上升到法律的高度，但可以將法律與道德標準結合起來，可以將道德規範作為法律規範的強化和補充。通過加強在線零售市場法規建設，不斷完善立法及嚴格執法制度，協調好各執法部門的職能關係，為在線零售商制定及實施道德性營銷決策提供良好的法律環境。要通過強化政府職能部門的作用，以立法、司法活動來規範在線零售商的營銷行為，使企業營銷行為有法可依，有章可循，從而促使企業自覺地規範自身的營銷行為。

　　道德與法律是相輔相成、相互促進、相互推動的。規範化和法制化是中國在線零售商營銷發展的必由之路。目前關於中國電子商務的立法比較滯后，力度也不夠強。現有法律還沒有解決電子商務中所涉及的電子證據法律地位如何確定，侵權行為如何確定，訴訟管轄權、訴訟主體如何確定的問題，以及電子支付、電子商務的消費者權益保護、隱私權保護等諸多問題。目前，在涉及在線購物方面的糾紛，沒有一部全國性的專門規範電子商務的法律法規。在線零售商營銷道德建設還要求進一步完善法律法規，重點包括消費者權益法、價格法、廣告法、經濟合同法、質量法、市場交易與管理法等方面的法制建設。在這種情況下，要規範企業在線營銷中的不道德行為，必須加強相關法律法規政策的建設與完善。不斷修改和完善消費者權益保護法、商標法、反不正當競爭法、廣告法等相關法律，加快諸如電子商務等新興網路交易手段的立法，用法律來規範和約束企業的在線營銷行為。當務之急，要在參考國外先進立法經驗的基礎上，於時機成熟時制定一部適合中國國情的電子商務法典。應當註重專門法與刑法相互配合，因為法律條文都是原則性的規定。所以，涉及營銷實踐的具體行為，需要根據法律條文進行具體應用。此外，應當盡快從法律角度確認消費者對個人信息擁有的權利。雖然立法不是解決個人信息洩露的唯一辦法，但卻是解決個人信息洩露的基礎。譬如，法律應針對洩露在線消費者個人信息的行為，明確其為非法，並規定要追究洩露、竊取、收買公民個人信息行

為的刑事責任。在未經消費者允許的情況下，洩露或出售消費者或相關人士的個人信息將會受到法律的約束。這樣才能對信息進行更加有效的管理。要把網路監管落到實處，就必須制定出相關法律以及對有關法律做出必要的修改，將在線零售商營銷納入法律的控制範圍內。其中，網路廣告的發展速度十分快，但傳統的廣告法已經完全不能適應它的發展。因此，必須加快對廣告法進行修改，強化對網路廣告的資格認證、廣告經營等方面的監管與制約。隨著網上交易數量的不斷增加，對原來的合同法進行完善，特別是對於電子合同和電子單證的認可、電子證據有效性的認可等問題進行法律規範，都將影響到電子商務交易的正常發展。另外，應吸取和借鑑國外網路信息安全立法的先進經驗，積極開展網路隱私安全立法和執法。通過對現行網路法律法規進行修改與補充，使在線零售交易法律體系更加科學和完善。

在當前法律法規不完善的情況下，各監管部門應當加強對新型的在線零售營銷活動的監管工作。工商部門應將網路市場納入監管重點，並成立專門機構進行管理，對網路消費提供維權辦法和防範措施。在線購物市場呈現消費群體不斷擴大、消費規模快速增長的良好局面；同時，也存在相關政策法規、管理能力和服務水平不適應在線購物發展需要等現實問題。政府必須加強引導和管理。政府需要引導商家營造放心的網上消費環境，保護消費者的權益；規範在線購物交易行為，維護良好的市場秩序；促進在線購物行業向規範化、專業化發展。有關部門應建立完備的網上購物消費者權益保護體系，督促各電子商務網站制定嚴格的電子商務准入制度，並完善信用評級制度。如可採取權威的先行賠付、充足的保證金、額外的購物保險等措施，對道德風險行為進行預防懲戒。對於監管工作來說，建立一個完善的電子商務糾紛調解服務機制是監管的基礎，可建立起從投訴服務、法律援助、爭議調解、政府部門協調等各方面對電子營銷活動的全方位監管。要明確監管工作的監管主體問題。這是監管工作的重要基礎。從而改變各自為政的分散式監管模式，有利於對新型營銷工具所帶來的各種道德風險行為進行監管。

對於在線零售營銷過程中出現的不道德行為，還應通過加強輿論監督，喚起群眾抵制其產品，引起國家執法部門的注意，增加這類企業的經營風險和「投機成本」，提高企業的在線營銷道德意識，使其回到道德營銷的規範中來。因此，這要求社會發揮第三方監督作用。充分發揮消費者壓力集團的作用，讓他們對企業在線營銷道德進行評價以此促進企業在線營銷道德水平的提高；要充分發揮新聞輿論的作用，讓它傳播法律法規，宣傳重視網路道德的好典型，同時揭露違背在線營銷道德的行為，以此提高企業在線營銷道德水平；要充分

發揮網路理論界和教育界的作用，從理論研究、技術傳播、網路文明等多方面促使企業提高在線營銷道德水平。一方面，要保護消費者的知情權，強化消費者的自我保護意識，引導消費者理性消費。充分發揮消費者壓力集團的作用，逐步建立起讓消費者可自行評估的企業營銷信譽體系。這樣就可以達到弘揚誠信經營，打擊違法經營的目的，使存在機會主義和道德失範的企業被自然淘汰。同時，還應充分利用消費者自身的輿論監督。只有廣大消費者都積極地行動起來，去抵制市場營銷中的不道德行為，整個營銷不道德行為才能得以抑制。另一方面，在線營銷中的輿論監督可以充分利用網路新聞輿論監督。媒體應充分發揮新聞輿論的監督作用，曝光不道德的經營行為，頌揚企業積極承擔社會責任的行為，在社會上形成良好的道德風尚，以此提高企業在線營銷道德水平。此外，要重視對網路營銷道德理論的研究，構建適合中國國情的網路營銷道德體系，從多方面促使企業提高在線營銷道德水平。

### 3.3.3 加強企業自律和行業自我約束機制

加強在線零售商營銷道德建設要堅持企業自律和行業管理相結合。在加強企業自律方面，企業除了在產品策略、價格策略、促銷策略和分銷策略等方面做好自律外，還應該考慮到網路營銷的特點，在保護消費者隱私權、商業信息發布等方面做好自律工作。企業要控制不良營銷現象的發生，關鍵在於強化企業營銷過程的管理。從營銷戰略的制定、市場調研、產品的開發和生產到價格制定、產品分銷以及促銷等，對每一個環節都要進行監督，按企業的道德規則運行。要實行管理責任制，分工到人，明確獎懲，不允許出現道德、法律上的漏洞。在營銷活動中，如果出現了突發性的不良營銷事件，企業應果斷中止該類營銷行為，坦率承認錯誤，承擔給他人利益帶來損害的責任。同時緊急採取其他措施進行補救，力爭挽回影響，修復形象，重新贏得顧客的信賴。電子商務平臺為解決網購「誠信」問題應做出積極行動，例如，拍拍網積極推出了「全站誠保」措施，淘寶網推出了「消保計劃」等。網購平臺的積極努力和各種誠信措施的不斷推出，為消費者和網店經營者的權益保障創造了雙贏局面。應努力提高互聯網商家道德自覺性，提倡文明競爭，對恪守商業道德操守的商家進行鼓勵。在網路商務活動中，起關鍵作用的是人。應加強對商家從事在線銷售活動的倫理道德方面的教育和制度規定。具體來說，可以從以下兩個方面著手：

一是要樹立全員道德意識。為此要不斷提高企業領導者和管理者的職業道德素質，使其全面認識到營銷道德的重要性。企業領導者的道德觀念在很大程

度上影響公司營銷人員的道德選擇。他們的經營決策也代表著公司在經營行為中的道德選擇。公司核心管理層也要定期進行職業道德培訓，提高遵守道德的自覺性和敏感性；要建立制度約束，開展批評與自我批評，進行道德監督；要堅持學習和自省，以高尚的道德標準嚴格要求自己。所以管理者應該首先加強道德修養。加強對企業領導者的培訓，幫助領導者樹立正確的經營理念和社會市場營銷觀，並通過企業領導人的權威、感召力和模範行為來改善管理道德行為。這等於從源頭上控制好了企業的市場營銷行為，就可以有效避免企業的非道德營銷行為。同時，也要加強對各級人員尤其是營銷人員的道德培訓，不斷提高整個企業的道德層次。營銷人員是從事企業營銷活動的主體，導致企業營銷道德失範的重要原因就是營銷人員素質不高。為此，還要加大對營銷人員的思想道德教育。首先，企業領導者和管理者要以身作則，不斷提高自身的道德觀和道德水平，從而帶動員工採取正確合法的營銷手段進行營銷；其次，幫助營銷人員樹立正確的義利觀，加強其職業道德教育；最后，對於營銷者偏離道德規範的各種行為，企業要及時對其加以糾正和引導。企業可以採取「請進來」「走出去」、專題講座、知識競賽等多種形式對營銷人員進行職業道德培訓，幫助他們瞭解和掌握最基本的營銷倫理規範，培養起正確的營銷倫理意識，並通過構建有效的營銷道德考核機制，對他們偏離倫理規範的各種行為及時地進行糾正和引導。

二是要建立和實施嚴格的在線營銷道德規章制度，使企業約束自身及其員工在線營銷過程中的不道德行為有了內部依據和標準。企業建立營銷道德規章制度有兩個方面的含義：一方面是把企業營銷道德倫理規範納入日常的規章制度中；另一方面是建立在線營銷道德的預防保障制度，防範網路消費者遭遇道德風險。如國內的一些 B2C 網站，採用評級方法建立交易損失保障金制度，每次交易後，買賣雙方都有一個評價級別，這樣在線消費者因為虛假交易產生的一些損失，就可以先由這些保障金進行支付。企業倫理守則是企業處理與內外部各種關係的指導原則，內容包括企業處理與顧客、供應者、競爭者、所有者、社區、公眾等利益相關群體的道德規範。現在世界上越來越多的企業通過制定倫理守則來提高道德水準，如著名的強生公司、大眾公司、麥道公司、杜邦公司等都有成文的倫理守則。並且，企業要成立專門的道德執行機構，來負責道德的實施，做到獎懲分明。企業通過制定和實施企業倫理守則和行業營銷道德標準，可以增強營銷人員的職業道德觀念，更好地引導營銷人員遵循個人職業道德規範。企業要有效地約束自己的行為，必須建立起一套切實可行的道德規則，作為自己行動的指南。企業自律準則的建立與完善，對有效地約束企

業的營銷行為具有重要意義。企業可以制定企業職工道德手冊及營銷道德標準，以推動企業營銷道德風尚的形成和發展，形成企業營銷道德文明。企業自律準則制定之后，應註重抓好宣傳教育、考核評比工作，使之落在實處。

在加強企業網路營銷道德自律的同時，還要加強行業管理。營銷倫理失範的根源是企業間的惡性競爭。因此，遏制營銷失範行為最有效的方法是建立並完善行業的自律機制。積極組建行業協會，建立嚴格的營銷倫理制度和監管機制，規定協會會員單位的義務和權利，制定相應的行業營銷倫理規範以及對營銷倫理失範行為的處罰規則，從而樹立起網路營銷道德的旗幟，贏得消費者的支持，提升企業的營銷道德。較有參考價值的做法是由行業最有影響、最有號召力的企業牽頭組建行業自律協會，負責受理消費者投訴，一旦發現成員有違反規定的不道德營銷行為，立即給予懲處。行業組織，既要負責本行業的營銷道德規範的制定，還要負責對企業加以指導，以使企業遵守市場道德規則，從事合法正當的經營活動，並實行獎懲制，同時為企業提供實際的服務，採取一定的措施來幫助企業改善形象。在行業自律組織中，要將職業從業經營檔案建立起來，定期或不定期地監督和檢查業內企業的營銷情況。如有問題，要提出警示，並及時採取一定的措施，對所出現的問題加以處理，同時跟蹤備案，提高其權威性，並使其應有的監督、管理功能著實得以發揮。行業協會可以通過不斷完善行業規章制度，制定行業統一的在線營銷道德標準來規範和監督企業在線營銷的一系列行為，加強行業對企業營銷活動的指導和服務。為了更好地規範在線營銷道德問題，互聯網行業相關協會也要充分發揮其管理作用。行業協會利用其信息集中的優勢，可以及時地發現在線營銷中的道德問題，並且可以對未來的道德問題做出預測和預警。同時，行業協會可以針對本行業的特點，制定相應的營銷道德準則以及對非道德營銷行為的處罰規則，也便於規範全行業的營銷行為，維護全行業的利益。由行業協會制定統一的行業職業道德標準，對市場營銷活動加以規範，將取得更好的效果。如美國的市場營銷協會在制定營銷道德規範後，又制定了網路營銷道德標準，對在線營銷的一系列行為從道德上加以規範。行業協會在發揮管理作用的同時，也有監督的作用，可以對行業內的企業起到很好的監督作用。行業協會，不僅能及時發現在線營銷中的道德問題，而且能發揮道德教育的作用。行業協會的道德規範和各種會議都是行業成員很好的學習機會，行業協會可以發揮其道德教育作用。

### 3.3.4　強化和完善消費者道德意識促進機制

近些年中國所出拾的一些法律法規難以執行，一個重要原因是中國部分消

費者缺乏自我保護意識，缺少消費知識等。這些消費者對於自身的權益不知道採用什麼手段來加以保護。有的受到傳統思想的影響，當自己的權益受到損害時，由於不想麻煩「鬧事」，便不願意採取合法手段來捍衛自己的權益。為此，要加大營銷道德宣傳力度，正確引導消費者的自我保護意識。面對在線零售營銷中一系列侵犯消費者權益的道德問題，在法制尚不健全、管理尚不規範時，政府有關部門或社會團體應廣泛利用各種傳播媒介廣泛宣傳，使公眾意識到抵制非道德營銷行為是自己的基本權利，提高消費者的鑑別能力、自身防禦能力，增強其維權意識。任何一位消費者都有權要求在線零售商營銷行為符合社會道德規範，積極地與違法和不道德的營銷行為作鬥爭，維護自己的權益，減少上當受騙的可能和避免遭受損害。在宣傳上，可以通過新聞媒介，進行相關消費者權益保護的宣傳，也可以通過政府相關消費者權益活動的展開來提高消費者權益意識，同時要加大對各種損害消費者利益行為的懲罰力度。消費者協會通過撰寫教材和出版刊物，舉辦演講等多種手段宣傳教育消費者，幫助消費者識別在線零售商營銷道德缺失行為及其對社會和個人造成的危害。因此，消費者提高自身素質，增強自我保護意識，增強抵制不良營銷行為的主觀能動性，是治理在線零售商營銷道德失範現象的根本。消費者正當利益受到侵害時，要敢於拿起保護自己的「武器」，採取恰當的手段進行自我保護，甚至動用法律武器，使不良營銷行為無藏身之地。這樣既有效地保護了消費者自身利益，也維護了正常的市場秩序，促進在線零售商遵守道德及法律規範，積極從事正當的營銷活動。

　　為了提高消費者的道德意識和自我保護意識，消費者要樹立起理性消費的觀念。要提倡適度、理性消費，通過宣傳、教育提高消費者的自我保護意識和能力。消費者是企業市場營銷活動直接的作用對象。在線交易中，消費者對於相關消費信息往往知之甚少，面對形形色色的商家促銷誘惑，很難保持應有的冷靜。這也是消費者的利益之所以會受到損害，不道德的營銷行為之所以能夠得逞的重要原因之一。因此，要防止市場營銷中的不道德行為，使自己免受侵害，消費者就必須樹立起理性消費的觀念，做到理性購買。在購買商品之前要盡可能多地瞭解有關商品的真實信息，理性地分析和比較同類商品的相關信息，樹立起理性消費的觀念。這樣就能對所需商品的質量做出正確的判斷，避免不法廠商的誤導，避免利益受到侵害。只有這樣，才能使不道德的營銷行為難以有施展的市場，無機可乘。在交易過程中，消費者保持一顆平常心，增強對不道德營銷的免疫力，既可以保護自己也可以減少企業不道德行為。

### 3.3.5　制定在線零售商營銷道德信息披露和評價機制

應通過強化在線零售商的信息披露義務，努力解決信息不對稱問題。政府及社會團體應以法律法規的形式規定賣方的信息披露義務；同時建議企業公布免費產品打假查詢熱線以使消費者能夠方便地辨別偽劣產品；還應利用現代信息技術，設立企業信用信息披露平臺，建立社會信用體系，使信用差的在線零售商徹底失去市場。一個優秀的在線零售商應該是道德高尚的楷模。它們不但遵守社會公認的道德標準，而且形成具有自己特色的良好的道德體系，並通過各種途徑向公眾傳達，以提高企業的美譽度。因此，企業在營銷中必須把道德標準放在優先位置，建立一套廣泛而固定的與廣告標準、對顧客的服務、定價、產品開發等有關的道德標準。在線零售商營銷道德評價應立足於市場經濟的要求和社會發展的遠景，遵循道德發展的客觀規律，堅持科學的評價原則，正視企業道德的現實狀況。首先，要堅持以人為本的理念。道德意識和道德活動都是人的行為，道德關係是人與人之間的關係，道德評價也是對人的言行的是非判斷。在線零售商營銷道德的評價也是基於對營銷人員在營銷過程中的行為進行的評價。其次，要樹立動態的觀念，堅持動態的評價原則。道德是一個歷史的發展過程，評價和評價標準本身也是不斷發展的。因此，保持評價及其標準對價值關係運動的跟蹤和預見功能，就要堅持評價的動態原則。在評價過程中，既不能以已經過時的陳舊的道德規範作為標準，也不能將現實流行的道德準則看作一成不變的道德規範。最後，在加強權威機構評價的同時，重視公眾輿論評價的作用。權威機構的評價因為視角廣闊、起點較高，對在線零售商道德價值觀念的形成和道德行為的選擇起著重要的引導作用。而以廣大消費者為主體的公眾輿論是在線零售商營銷道德評價的重要內容。因此，既要重視帶有權威性質的道德評價，更要重視公眾輿論道德評價，使二者有機結合，相輔相成。

按照營銷道德的要求，企業應全面制定一系列制度來規範企業和營銷人員的行為。一個優秀的企業應該是道德高尚的楷模。它們不但遵守社會公認的道德規範，而且形成具有自己特色的良好的倫理體系，並通過各種途徑向公眾傳達，以提高企業的美譽度。因此，在線零售商在營銷中必須把道德規範放在優先位置，建立一套與廣告促銷、定價、服務、交易等有關的道德規範。顯然，中國在這方面做得還不夠，在線零售商營銷道德規範化和條例化的程度比較低。這也使得一些營銷人員在從事具體工作時缺乏規範性的指導，造成營銷行為的倫理性較差。因此，在線零售商應制定公司在網路營銷中的商業倫理制

度，並且在實際工作中不斷修改完善。從道義和目的兩方面，綜合考慮制定公司在網路營銷中所要遵循的倫理規範、準則，並使之制度化、條例化。在線零售商營銷道德準則的制定應做到明確、清晰、有針對性，準則一旦確定，就應當發到每個營銷人員手中，而且也散發給重要的利益相關者，便於公司同外部的溝通和接受外部的監督。準則一經頒布，就應當被公司視作內部法律，嚴格執行。準則還應不斷完善，以適應外部環境的變化對公司提出的要求。必要的時候可以諮詢專門的商業倫理或管理倫理方面的研究機構，開展和其他商業倫理機構的交流與合作。另外，公司應及時發布公司在網路營銷中的商業道德制度。一方面使公司員工，尤其是從事在線營銷的員工能瞭解、學習這方面的制度；另一方面使公司外部的顧客瞭解公司在這方面的努力，得到在線零售商對他們的道德承諾。並且，在公司員工的績效評估體系中應附上道德方面的指標，對營銷人員的在線營銷活動進行客觀評價時，應考慮到商業道德的因素，根據員工行為表現是否符合商業道德給予適當的獎懲。還要注意定期對在線零售商營銷活動進行商業道德方面的審計。公司內部的倫理機構應該及時處理顧客在這方面的投訴，聽取他們的意見和建議。在日常管理活動中，要定期對在線營銷活動進行審計，對於違反倫理制度的行為及人員要及時處理。

### 3.3.6 完善以營銷道德為主導的企業文化建設機制

加強企業營銷道德建設的根本保障是加強企業的道德文化建設。企業營銷道德屬於價值觀問題，企業文化則是企業價值觀的集中體現，因此可以說企業營銷道德和企業文化的主旨是一致的。企業營銷道德通過豐富多彩的企業文化活動融入每個員工血液中，是直接影響企業營銷道德的重要因素。優秀的企業文化可以通過其所倡導的共同價值、共同意識，使企業形成一種凝聚力和向心力，從而對企業目標的實現和營銷道德水平的提高起到重要作用。企業文化是一個企業長久生存的生命所在，也包括了企業的價值觀和營銷道德觀。處在一定社會文化背景下，企業文化其實是企業參加競爭時所必須修煉的內功。只有締造具有創造力、影響力、凝聚力，顯示出鮮明個性的優秀企業文化，才有利於企業廣大職工特別是企業的領導者樹立正確的價值觀，從而有利於企業做出道德性的營銷決策，對企業的非道德營銷行為可以起到良好的防範作用。企業文化是直接影響在線零售商營銷道德建設的重要因素。企業文化制約著在線零售商營銷決策的動機，規範著營銷決策的內容，控制著營銷決策的實施過程。要實現在線零售商的持續發展，有必要在企業文化中導入營銷道德觀念，即在組織內部有意識地培養一種員工發展、股東獲利、消費者滿意以及社會責任得

到履行的企業價值取向，使在線零售企業的經營管理者在市場營銷活動中堅持「顧客至上」的經營原則，做到以消費者為中心，而不是以利潤為中心；以「人」為營銷活動的出發點，而不是以「物」為企業經營的出發點。在營銷分析、計劃、執行、控制過程中主動意識到並應用「道德與良知」來實現其營銷目標。

企業在線營銷行為的主體是企業及其員工，因此，解決在線零售商營銷過程中的非道德行為，關鍵在於約束企業及其員工的營銷行為。要規範和約束企業員工的行為，僅僅依靠法律和法規制度的強制約束是遠遠不夠的，最重要的是要影響和改變員工的思想和觀念。而在一個企業中，能夠影響和改變員工思想和價值觀念的就是企業文化。加強以營銷道德為主導的企業文化建設，使正確的營銷道德觀成為企業全體員工的共享價值觀。企業高層領導以身作則，擔當道德模範，是這種企業文化建設成功的保證。因此，企業營銷道德建設的關鍵歸根究柢就是企業文化的建設。企業文化是一個企業的靈魂，是實現企業制度安排的重要思想保障，是企業行為規範的內在約束。在線零售商必須將道德倫理的觀念融入企業的哲學及企業目標當中，重塑企業價值觀，重構企業文化。一個符合現代社會倫理道德規範的企業文化是在線零售商持續經營的道德保障。一個符合社會倫理規範的企業文化將在企業內樹立全員道德意識。這種潛在的行為規範會對企業及其員工的在線營銷過程中的非道德行為進行約束，在某種意義上具有一定的強制性。企業文化具有凝聚功能，其核心價值觀與企業精神激勵企業員工朝著同一目標採取行動。這種激勵力使企業員工自覺自願地遵守在線零售商的行為規範和道德標準。一個好的企業文化引導企業走向成功。以融合了現代商業倫理規範的企業文化為牽引力引導企業的在線營銷行為，是解決在線零售商營銷道德問題的根本途徑。因此，發揮在線零售商的自主性，搞好在線營銷道德建設，需要企業樹立正確的營銷觀念，積極將倫理考慮納入企業在線營銷戰略之中，促進在線營銷道德和企業文化的結合，有意識地把在線營銷道德的思想融入企業文化中，不僅可以豐富企業文化的內涵，而且可提高企業的競爭實力。

### 3.3.7 推進良好社會文化和道德環境的培育機制

互聯網的發展對社會文化、價值觀念產生了巨大影響，但是社會文化、價值觀念對網路經濟也具有很強的約束和制約作用。建立以誠信為核心的道德約束標準，重塑現代社會商業倫理文化，是解決企業在線營銷道德問題，推動互聯網經濟健康快速發展的根本保證。因此，需要在全社會範圍內大力宣傳營銷

道德觀念，樹立營銷道德新風尚和道德性社會文化氛圍。改善企業營銷道德環境將是一個長期的、複雜的系統工程，需要政府、企業、消費者等全方位的通力協作。不僅需要完善相關法律、法規，更重要的是從改善整個社會的道德信任體系入手，通過宣傳、教育，努力營造一個人人講道德、講誠信的社會環境。這才是解決企業營銷道德失範的關鍵。社會道德環境對在線零售商營銷道德水平有直接影響。如果一個在線零售商處在社會道德良好的社會環境中，它的生產經營行為就有可能更為符合社會整體道德水平；一個企業如果處在一個社會道德較差的社會環境中，它的生產經營行為就有可能採取不道德的方式參與市場競爭。因此，要努力提高社會整體的道德水平，在經濟社會形成一個講誠信、講公平、講公正的良好的社會環境，使企業在追求自身利益的同時，義利兼顧，既講究經濟效應，也講究環境效應和消費者權益以及社會的整體利益。在線零售商在當前市場經濟條件下進行經營，需要一個規則清晰、秩序井然的社會大環境，需要良好的道德氛圍。而這些，又需要每一個企業、每一個公民的參與，使誠實守信、公正無私、尊重他人、關愛生命成為每一個人理所當然的道德取向和行為準則。為此，政府及社會應利用各種傳播媒介開展多層次、多形式的企業倫理、營銷道德，尤其是企業職業道德教育，提高企業家、企業職工、營銷人員的道德素質，同時，大力宣傳營銷道德水平高的企業，樹立典範；企業在進行營銷活動時，要把消費者需求、消費者長遠利益、企業的利益和整個社會的長遠利益結合起來考慮，從而形成全民註重營銷倫理的社會氛圍。另外，社會必須重視在線營銷倫理教育，重視塑造在線營銷正確的價值觀。網路營銷倫理首先是一種理念，這種理念只有被在線營銷工作者廣泛接受，才能成為他們的自覺行為。為此，必須廣泛進行營銷倫理規範的宣傳和教育，以營銷倫理規範為核心進行在線營銷文化建設，形成「重道德、講責任」的氛圍，把在線營銷倫理規範滲透到營銷人員的意識中去，讓他們把執行營銷倫理規範作為自己的基本職責，以推動在線營銷道德風尚的形成和發展。

# 4 在線零售商營銷道德行為的消費者感知——量表開發與維度測量

消費者作為在線零售商的核心利益相關者，對在線零售商營銷道德行為的感知和評價是決定在線零售營銷成功的關鍵。從消費者感知的角度理解在線零售商營銷道德的內涵和構成要素對指導在線零售商開展道德營銷活動具有重要的意義。因此，本章主要對在線零售商營銷道德行為的構成要素、測量量表進行實證分析，並基於實證分析結果提出促進在線零售商營銷道德建設和治理的對策。

## 4.1 問題的提出

隨著電子商務產業迅速發展，消費者網路購物規模持續擴大。但是，快速增加的電子商務和在線零售活動也為不道德行為的孳生提供了新空間。人們對在線購物的道德關注正在增加（Cheng et al., 2014）。這些道德問題已嚴重危及電子商務的持續、健康發展，也構成了消費者在線購物的最大障礙和風險。相比面對面交易，道德犯錯更可能發生在電子交易中（Citera et al., 2005）。在線零售本質上不能提供高信任度的溝通環境（Grewal et al., 2004），消費者更難區別在線零售商的好壞。雖然，過往在離線市場的研究已大量探討了營銷道德問題，但對在線零售實踐中的道德問題還缺乏深入分析。國內外有關在線零售商營銷道德的研究仍處於起步階段，系統化的測量研究還比較欠缺，對在線零售商營銷道德行為的消費者感知和評價還缺乏全面、清晰和一致的認知。由於在線零售商與消費者的出發點及認知水平不一致，而許多商業規章制度和企業行為監督都由受到保護的消費者做出，消費者是在線零售商營銷道德的核心評價主體，因此，本研究將從消費者感知視角探討在線零售商營銷道德行為的維度結構，開發一個符合心理測量學標準的測量量表。具體而言，本研究通過文獻回顧和消費者訪談，獲取消費者感知的在線零售商營銷道德行為測評內

容，通過因子分析對其測量量表的可靠性和有效性進行檢驗，從更具體的內容層面考察一些新出現的道德維度和因素，並具體分析不同人口統計特徵消費者心目中的在線零售商營銷道德行為各維度的相對重要性，以及在線零售商營銷道德行為與消費者感知的關係是否根據在線零售商類型的不同而有差異。

本章的內容結構安排如下：首先，回顧在線零售商營銷道德的理論研究背景、內涵、結構和測量；其次，進行預備性研究，通過訪談和扎根理論分析初步提煉出消費者感知視角的在線零售商營銷道德行為測量維度和測量題項，並通過預試形成正式調查量表和問卷；再次，進行正式問卷調查，運用探索性和驗證性因子分析對在線零售商營銷道德行為測量量表進行驗證，並基於在線零售商類型和消費者群體特徵進行方差分析；最後，對研究結果進行討論，提出一些重要的建議，並對本研究的局限性以及進一步研究方向進行探討。

## 4.2 文獻評述

### 4.2.1 在線零售商營銷道德的理論背景和內涵研究

營銷道德的研究始於20世紀60年代西方學界，並從20世紀90年代開始引起國內學界的重視。其中，甘碧群和合作者的研究較早較系統地闡述了營銷道德的基本概念和理論體系，並開發了中國情景的營銷道德評價體系（甘碧群，1997；甘碧群和曾伏娥，2004，2006；壽志綱和甘碧群，2008）。而且，國內營銷道德的相關議題還涉及灰色營銷道德評價、實體零售企業營銷道德評價、營銷道德影響因素和效應等（莊貴軍和郭豔霞，2009；由莉穎等，2008；夏恩君等，2008；周秀蘭，2011；劉思強等，2013）。然而，上述研究均是以實體企業為研究對象的。隨著電子商務的快速發展，營銷道德問題在近年來進一步滲透到網路環境中。由於互聯網的廣泛性、開放性和隱蔽性，將營銷活動及消費者服務轉移到網路上面臨道德問題的出現及由此導致的負面消費者反應（Wirtz et al., 2007），在線零售營銷活動日益引起道德實踐問題（Roman, 2010），並突破了傳統道德規範，表現出新的形式。Roman（2007）認為在線零售商道德是消費者對在線零售商誠信和責任的認知。這種認知來源於在線零售商以安全、公正、誠實的方式與消費者進行交易，並最終保護消費者的利益。它在本質上反應了在線零售企業的營銷活動符合人們道德規範的程度。關於什麼樣的行為才是符合道德標準的問題，理論界存在兩大觀點，即依據行為的動機或過程判定道德標準的道義論和依據行為的結果判定道德標準的目的論

(牛永革和李蔚，2006)。本書將功利論與道義論結合起來作為判斷在線零售商營銷道德的依據，並根據在線零售商營銷道德失範現象及表現形式進行具體界定。在線零售商營銷道德失範現象貫穿於整個在線零售營銷活動過程，包括信息發布、信息收集、客戶服務以及各種網上交易活動等，體現了與互聯網相關的獨特性道德現象。同時，現有多數研究強調賣方道德，而從買方（消費者）角度分析營銷道德卻相對匱乏（Vitell，2003）。消費者作為商業活動的重要主體，如果不考慮他們的感受和觀點，那麼，對企業營銷道德的瞭解將是不完整的（AI-Khatib et al.，2005）。在線零售商制定營銷決策應充分考慮消費者感受，以消費者利益作為確定善惡的核心標準，制定出符合消費者道德要求的營銷決策。因此，本書從消費者感知角度考察在線零售商營銷道德行為的表現及其差異性。

### 4.2.2 在線零售商營銷道德行為的結構和測量研究

現有研究主要針對電子商務（在線零售商）道德進行分析，為本研究奠定了基礎。Mason（1986）率先提出信息時代所面臨的四個信息道德問題，包括隱私、準確性、所有權和可獲得性。Stead 和 Gilbert（2001）認為電子商務道德的焦點是隱私和安全。Pollach（2005）從語義學角度檢驗了在線零售商的隱私政策，突出了公司隱私政策的障礙。Wu 和 Wu（2006）提出測量電子商務道德的指標包括隱私、交易安全、知識產權、信息完整性和準確性。Radin 等（2007）認為，電子商務道德問題包括隱私、安全關注、無標簽網路廣告、域名搶註、面向未成年人的在線營銷、利益衝突、製造商與中間商的在線競爭。在文獻回顧基礎上，Schlegelmilch 和 Oberseder（2010）提出網路道德包括隱私、身分盜用和網路釣魚。上述研究主要是基於企業角度的分析，許多學者又開始從消費者視角對在線零售商道德內容進行探討。Bush 等（2000）基於美國的研究發現，消費者從網上交易安全性、網站非法行為、隱私保護、網路信息真實性方面評價購物網站的營銷道德。Miyazaki 和 Fernandez（2001）發現隱私、系統安全和在線零售詐欺是消費者對在線購物道德的感知內容。Ranganathan 和 Ganapathy（2002）認為，B2C 消費者比較關注網站提供的信息內容、網站設計、安全性和隱私權。Singh 和 Hill（2003）的研究發現，消費者關於網路使用和在線行為的看法受到他們對隱私觀點以及他們怎麼看待政府和公司在保護消費者隱私中的作用的影響。Milne 和 Culnan（2004）發現閱讀隱私申明是消費者使用的僅有措施去管理披露個人在線信息的風險。Meinert 等（2006）發現，消費者提供信息給在線零售商的意願隨著隱私擔保陳述的增加

而增加。Forsythe 等（2006）測度了在線購物的感知風險，其中的金融風險與道德相關。同時，相關的量表開發工作也在推進中。Roman（2007）基於西班牙消費者的調查開發的在線零售商道德量表包括安全、隱私、非詐欺和履行四維度。Cheng 等（2014）基於交易過程視角分析了消費者感知的電子商務網站道德模型，由銷售行為、隱私、安全、可靠性、服務補救構成。閆俊和陳麗瑞（2008）從交易結果可靠性、交易過程安全性、促銷誠信性、競爭公平性、廣告適度性五個方面開發了消費者對 B2C 網站營銷道德的評價體系。蔣侃（2012）則基於文獻分析將在線零售商營銷道德歸納為交易過程安全性、隱私保護、交易可靠性、公平、非欺騙性五個方面，但研究缺乏實證支持。

綜上所述，學界至今沒形成統一的、普遍適用的在線零售商營銷道德標準，測評內容並不完善。根據營銷道德標準分析的三種理論基礎：顯要義務理論、相稱理論和社會公正理論，社會責任因子在傳統企業營銷道德研究中被視為一個重要的營銷道德維度（甘碧群和曾伏娥，2006）。隨著時代變遷，再加上營銷道德本身的複雜性和模糊性特點，道德規範和標準也隨之變化。現有關於零售行業中道德標準對消費者行為的影響，研究範圍涵蓋了從綠色消費感知和社會責任（Valor，2007；Stanaland et al.，2011）到具體零售實踐中消費者和銷售人員對道德的感知（Dubinsky et al.，2004；Fraedrich and Iyer，2008；Nygaard and Biong，2010）。在實踐領域，一些大型電子商務企業日益重視企業社會責任運動，如阿里巴巴集團成立了社會責任部門，推動社會責任管理體系在集團公司內部的制度化，積極發佈國內互聯網企業的社會責任報告，促進互聯網企業的社會責任行動。可見，現有研究還沒完全涵蓋在線零售商營銷活動符合人們道德規範的程度和範圍，忽略了在線零售商對社會功能和利益的追求與實現。因此，本研究擬採用科學規範的方法進一步系統開發消費者感知的在線零售商營銷道德行為測量量表和維度結構，為在線零售商營銷道德治理提供科學依據和評價標準。

## 4.3 預備性研究

### 4.3.1 訪談

本研究選擇半結構訪談法獲取有在線購物經歷的消費者對在線零售商營銷道德行為的理解和感知。訪談過程如下：①向受訪者呈現綜合的在線零售商營銷道德概念；②討論此概念，在受訪者理解概念后，讓其陳述所惠顧的購物網

站營銷道德實踐情況；③按照訪談提綱進行提問，並根據被試者的回答情況進行及時追問。同時，也訪談了6家購物網站的高層管理人員，每次訪談的時間控制在一個小時左右。訪談的核心問題是：①您如何理解在線營銷道德？②一個具有道德責任感的在線零售商會表現出怎樣的態度和行為？

### 4.3.2 編碼和產生問卷的題項

筆者邀請三位營銷專業的碩士研究生對訪談資料進行了開放式編碼，利用內容分析法，將訪談記錄的內容劃分為特定類目，並系統分類出在線零售商營銷道德的訪談內容。首先，三位研究生對訪談資料逐行剖析，發現關鍵的語干並且標示；然後，研究生將提煉出的相似語干歸為一類，從而表示出不同類型的在線零售商營銷道德行為；最後，比較三位研究生對每一語干的編碼結果，如發現有兩位及以上的研究生共同認定某一語干歸屬某一類目時，即歸入此類目。否則，由三位研究生討論后達成共識的內容繼續歸類，沒達成共識的內容予以刪除。結果表明中國在線零售商營銷道德行為可以納入「隱私保護」「安全可靠」「公平競爭」「誠信經營」和「社會責任履行」5個類目，共包括41個有效語句（見表4-1）。

表4-1　　　　　　　　在線零售商營銷道德行為編碼表

| 排序 | 在線零售商營銷道德 | 語句（題項） |
|---|---|---|
| 1 | 隱私保護 | PP1：未經許可非法收集消費者個人信息<br>PP2：未經許可與其他企業共享消費者個人信息<br>PP3：非法使用消費者個人信息<br>PP4：將消費者個人信息出賣給其他商家來賺錢<br>PP5：非法洩露和傳播消費者個人信息<br>PP6：非法監控消費者的網購活動以竊取信息<br>PP7：垃圾郵件泛濫極大侵犯了消費者隱私權 |
| 2 | 安全可靠 | SR1：商品發貨、交貨延遲<br>SR2：產品在物流配送中損壞或丟失<br>SR3：支付方式不安全<br>SR4：售後服務不周到<br>SR5：消費者投訴回應難<br>SR6：提供的交易信息不充分<br>SR7：網路購物系統沒有安全保證<br>SR8：商品信息描述不夠詳細<br>SR9：無隱私保護聲明<br>SR10：退貨不退款或退款不及時 |

4　在線零售商營銷道德行為的消費者感知——量表開發與維度測量　47

表4-1(續)

| 排序 | 在線零售商營銷道德 | 語句（題項） |
|---|---|---|
| 3 | 公平競爭 | FC1：模仿或者抄襲競爭對手的界面設計<br>FC2：貶低競爭對手<br>FC3：惡意價格競爭<br>FC4：以不正當手段去獲得競爭對手的知識產權和商業秘密<br>FC5：損害競爭對手的商譽和形象<br>FC6：在競爭者網頁上進行惡意差評<br>FC7：利用網路強迫性廣告進行不正當競爭行為<br>FC8：採用不正當的競爭手法，擾亂正常銷售秩序 |
| 4 | 誠信經營 | FM1：虛假廣告宣傳<br>FM2：描述產品不真實，隱瞞瑕疵信息和誇大產品功效<br>FM3：價格與宣傳不一致<br>FM4：產品與訂購不一致<br>FM5：非法誘導顧客購買<br>FM6：提供假冒偽劣商品<br>FM7：採用違規方式「刷」信譽度<br>FM8：虛構交易記錄或交易評價誤導消費者<br>FM9：不兌現促銷承諾或服務承諾 |
| 5 | 社會責任履行 | RE1：發表各種信息垃圾，污染網路環境和危害人們的身心健康<br>RE2：不遵紀守法、依法納稅<br>RE3：網站流量和經濟效益不好<br>RE4：不積極參加公益事業、捐贈活動和幫助弱勢群體<br>RE5：對環境不負責，較少提供綠色產品和綠色服務<br>RE6：員工需求得不到滿足，工作表現消極和服務質量不高<br>RE7：與利益相關者缺乏溝通，對各類詢問不及時回覆 |

### 4.3.3 預試

　　針對上述語句，開發出在線零售商營銷道德行為初始測量量表，使用Lirket 7點尺度評分，「1」表示「完全符合」，「7」表示「完全不符合」。在南昌選擇80個有過網購經歷的消費者進行預調查，回收有效問卷76份。通過刪除臨界比率未達顯著性水平以及各維度中單項對總項的相關係數小於0.4的題項，最后形成正式調查問卷，題項數由41個減少為36個。

## 4.4 數據與樣本

### 4.4.1 數據收集

由於 B2C 市場增長迅猛，已成為在線零售市場的主要推動力，並且消費者能更全面感知 B2C 在線零售商的營銷道德行為，因此，本研究針對 B2C 在線零售商進行調查分析。選擇有過 B2C 在線購物經驗的消費者作為調查對象，在上海、北京、南昌、長沙、武漢、濟南、深圳等城市共發放問卷 472 份，回收有效問卷 422 份，有效回收率為 89.4%。

### 4.4.2 樣本特徵

調查涉及的 B2C 網路購物平臺和零售企業有天貓、京東商城、當當網、華為商城、聚美優品、唯品會、蘇寧易購、小米等多渠道零售商和純電子商務企業。樣本概況如表 4-2 所示。

表 4-2　　　　　　　　　　樣本概況

| 人口統計特徵 | 人數（人） | 百分比（%） | 人口統計特徵 | 人數（人） | 百分比（%） |
|---|---|---|---|---|---|
| 性別 |  |  | 月收入 |  |  |
| 男 | 141 | 33.4 | 2,000 元以下 | 107 | 25.4 |
| 女 | 281 | 66.6 | 2,000~4,000 元 | 152 | 36.0 |
|  |  |  | 4,000 元以上 | 163 | 38.6 |
| 年齡 |  |  |  |  |  |
| 18 歲以下 | 66 | 15.6 | 網購頻率 |  |  |
| 18~30 歲 | 159 | 37.7 | 經常 | 248 | 58.8 |
| 31~50 歲 | 143 | 33.9 | 偶爾 | 174 | 41.2 |
| 50 歲以上 | 54 | 12.8 |  |  |  |
|  |  |  | 網購經歷 |  |  |
| 受教育程度 |  |  | 1 年以內 | 128 | 30.3 |
| 大專以下 | 78 | 18.5 | 1~2 年 | 167 | 39.6 |
| 大專 | 116 | 27.5 | 2~4 年 | 71 | 16.8 |
| 本科及以上 | 228 | 54.0 | 4 年以上 | 56 | 13.3 |

### 4.4.3 統計方法

本研究採用 SPSS18.0 軟件進行探索性因子分析（EFA），採用 AMOS18.0 軟件進行驗證性因子分析（CFA）和結構方程建模分析。其中，EFA 和 CFA

採用不重疊的樣本，將回收的有效樣本分成兩組，一組樣本（$N_1 = 211$）用於EFA，另一組樣本（$N_2 = 211$）用於 CFA。

## 4.5 結果分析

### 4.5.1 在線零售商營銷道德行為結構的探索性因子分析

首先，研究者利用第一組樣本數據（$N_1 = 211$）進行內部一致性檢驗，並刪除單項對總項的相關係數小於 0.4 的題項，保留了 34 個題項。然後，基於這 34 個題項，採用主成分分析法和方差最大正交旋轉處理，進行探索性因子分析，並參照以下原則進一步刪除不合格題項：第一，在 2 個及以上共同因子中的負荷量均超過 0.4 的題項；第二，在全部共同因子中的負荷量均小於 0.4 的題項。最終得到在線零售商營銷道德行為包括 5 個因子以及 32 個題項，5 個因子的特徵值大於 1，累積方差解釋率為 77.187%，各個題項在對應因子上的負荷為 0.595~0.858。探索性因子分析結果詳見表 4-3。因子命名如下：①隱私保護（PP），指消費者個人信息的合法收集、使用和傳播；②安全可靠（SR），強調消費者在線購物的支付安全以及交易過程和結果的可靠性；③公平競爭（FC），指消費者對網站是否採取不正當競爭方式的感知；④誠信經營（FM），強調在線零售商合法經營以及不欺騙和隱瞞消費者；⑤社會責任履行（RE），指在線零售商對社會利益的貢獻和持續發展能力。探索性因子分析得到的因子結構與定性研究的類目劃分保持一致。

表 4-3　　　　　　探索性因子分析結果（$N_1 = 211$）

| 題項（因子名稱） | 隱私保護 | 安全可靠 | 公平競爭 | 誠信經營 | 社會責任履行 |
| --- | --- | --- | --- | --- | --- |
| PP1：未經許可非法收集消費者個人信息 | 0.852 | 0.265 | 0.095 | 0.182 | 0.186 |
| PP2：未經許可與其他企業共享消費者個人信息 | 0.797 | 0.298 | 0.135 | 0.263 | 0.091 |
| PP3：非法使用消費者個人信息 | 0.753 | 0.188 | 0.232 | 0.311 | 0.115 |
| PP4：將消費者個人信息出賣給其他商家來賺錢 | 0.736 | 0.202 | 0.117 | 0.288 | 0.216 |

表4-3(續)

| 題項（因子名稱） | 隱私保護 | 安全可靠 | 公平競爭 | 誠信經營 | 社會責任履行 |
|---|---|---|---|---|---|
| PP5：非法洩露和傳播消費者個人信息 | 0.801 | 0.116 | 0.235 | 0.089 | 0.148 |
| PP7：垃圾郵件泛濫極大侵犯了消費者隱私權 | 0.729 | 0.306 | 0.179 | 0.122 | -0.089 |
| SR1：商品發貨、交貨延遲 | 0.306 | 0.788 | 0.266 | 0.162 | 0.073 |
| SR2：產品在物流配送中損壞或丟失 | 0.295 | 0.762 | 0.148 | 0.253 | 0.111 |
| SR3：支付方式不安全 | 0.364 | 0.667 | 0.286 | 0.332 | 0.228 |
| SR4：售后服務不周到 | 0.227 | 0.705 | 0.187 | 0.242 | 0.210 |
| SR5：消費者投訴回應難 | 0.117 | 0.823 | 0.085 | 0.216 | 0.224 |
| SR7：網路購物系統沒有安全保證 | 0.209 | 0.816 | 0.117 | 0.098 | 0.186 |
| SR8：商品信息描述不夠詳細 | 0.178 | 0.746 | 0.226 | 0.109 | 0.242 |
| SR9：無隱私保護聲明 | -0.096 | 0.709 | 0.323 | 0.227 | 0.248 |
| SR10：退貨不退款或退款不及時 | 0.301 | 0.674 | 0.325 | 0.268 | -0.079 |
| FC1：模仿或者抄襲競爭對手的界面設計 | 0.172 | 0.242 | 0.767 | 0.144 | 0.148 |
| FC2：貶低競爭對手 | 0.211 | 0.172 | 0.812 | 0.190 | 0.066 |
| FC3：惡意價格競爭 | 0.217 | 0.105 | 0.748 | 0.200 | 0.173 |
| FC4：以不正當手段獲得競爭對手的知識產權和商業秘密 | 0.277 | 0.218 | 0.683 | 0.133 | 0.309 |
| FC6：在競爭者網頁上進行惡意差評 | 0.217 | -0.038 | 0.595 | 0.318 | 0.263 |
| FM1：虛假廣告宣傳 | 0.206 | 0.128 | 0.083 | 0.858 | 0.134 |
| FM2：描述產品不真實，隱瞞瑕疵信息和誇大產品功效 | 0.333 | 0.058 | 0.263 | 0.815 | 0.232 |
| FM4：產品與訂購不一致 | 0.272 | 0.228 | 0.312 | 0.686 | -0.088 |
| FM6：提供假冒偽劣商品 | 0.204 | 0.186 | 0.222 | 0.749 | 0.274 |
| FM7：採用違規方式「刷」信譽度 | 0.289 | 0.154 | 0.336 | 0.721 | 0.095 |

表4-3(續)

| 題項（因子名稱） | 隱私保護 | 安全可靠 | 公平競爭 | 誠信經營 | 社會責任履行 |
|---|---|---|---|---|---|
| FM8：虛構交易記錄或交易評價誤導消費者 | -0.072 | 0.330 | 0.288 | 0.637 | 0.215 |
| FM9：不兌現促銷承諾或服務承諾 | 0.225 | 0.237 | 0.316 | 0.707 | 0.146 |
| RE3：網站流量和經濟效益不好 | 0.175 | 0.264 | 0.288 | 0.106 | 0.766 |
| RE4：不積極參加公益事業、捐贈活動和幫助弱勢群體 | 0.236 | 0.173 | 0.206 | 0.266 | 0.718 |
| RE5：對環境不負責，較少提供綠色產品和綠色服務 | 0.035 | 0.136 | 0.129 | 0.278 | 0.723 |
| RE6：員工需求得不到滿足，工作表現消極和服務質量不高 | 0.256 | -0.123 | 0.156 | 0.043 | 0.802 |
| RE7：與利益相關者缺乏溝通，對各類詢問不及時回覆 | 0.236 | -0.065 | 0.387 | 0.093 | 0.691 |
| 特徵值 | 8.296 | 1.747 | 1.468 | 1.329 | 1.041 |
| 方差貢獻率（%） | 46.028 | 9.567 | 8.353 | 7.583 | 5.656 |
| 累計方差貢獻率（%） | 46.028 | 55.595 | 63.948 | 71.531 | 77.187 |

### 4.5.2 在線零售商營銷道德行為結構的驗證性因子分析

針對第二組樣本（$N_2=211$），運用AMOS18.0對包括32個觀測指標的在線零售商營銷道德行為測量模型進行二階驗證性因子分析，發現初始模型的GFI指數為0.81，略微偏低，但其他擬合指數尚好（見表4-4）。將題項RE7刪除後，模型整體擬合得到較大程度提升，修正後模型的GFI值達到0.86，基本符合要求，同時其他各種擬合指數均得到一定程度改善。其中卡方與自由度比值為1.52，滿足小於3.0的標準；CFI、NFI、NNFI均滿足大於0.90的標準；RMSEA、RMR均滿足小於0.08的標準，表明修正後的測量模型能較好地擬合樣本數據。為進一步確定修正後的五維模型是否理想，又將其與一維模型（假設所有的31個題項從屬於一個共同因子）進行比較。結果表明修正後的五維模型對樣本數據的擬合要明顯優於一維模型（見表4-4）。這說明在線零售商營銷道德行為的五因子結構模型得到了數據支持。

表 4-4　　　　　　　　　擬合指數（$N_2=211$）

| 擬合指數 | 絕對擬合指數 ||||  簡約擬合指數 || 增值擬合指數 |||
|---|---|---|---|---|---|---|---|---|---|
|  | $x^2/df$ | GFI | RMR | RMSEA | PNFI | PGFI | NFI | NNFI | CFI |
| 初始模型 | 1.78 | 0.83 | 0.062 | 0.078 | 0.78 | 0.59 | 0.92 | 0.95 | 0.96 |
| 修正模型 | 1.52 | 0.86 | 0.058 | 0.064 | 0.75 | 0.58 | 0.91 | 0.95 | 0.97 |
| 一維模型 | 4.96 | 0.67 | 0.103 | 0.196 | 0.72 | 0.48 | 0.83 | 0.85 | 0.88 |
| 評價標準 | <3.0 | >0.90 | <0.08 | <0.10 | >0.50 | >0.50 | >0.90 | >0.90 | >0.90 |

### 4.5.3　信度與效度檢驗

（1）信度檢驗

在經過 EFA 和 CFA 後，本研究採用 Cronbach's Alpha、組成信度（CR）和平均方差抽取量（AVE）檢驗在線零售商營銷道德行為量表的信度。計算結果顯示（見表 4-5）：五個維度的 Alpha 系數均超過 0.70 的標準，CR 值均達到 0.70 以上，最低為社會責任履行維度（CR＝0.836），AVE 也都在 50% 以上。這表明本研究開發的在線零售商營銷道德行為量表有較好的信度。

（2）效度檢驗

通過收斂效度、區別效度評估量表效度。表 4-5 顯示：各題項的因子負荷均高於 0.5，並且絕大部分高於 0.7，且 T 值都達到了顯著性水平（p<0.001），表明量表有較好的收斂性。另外，五個因子的 AVE 值均超過 0.5 的臨界標準。因此，該量表具有較好的收斂效度。

表 4-5　　　　　　　驗證性因子分析結果（$N_2=211$）

| 題項 | 隱私保護 || 安全可靠 || 公平競爭 || 誠信經營 || 社會責任履行 ||
|---|---|---|---|---|---|---|---|---|---|---|
|  | 標準化載荷 | T 值 | 標準化載荷 | T 值 | 標準化載荷 | T 值 | 標準化載荷 | T 值 | 標準化載荷 | T 值 |
| Item1 | 0.711 | – | 0.706 | – | 0.813 | – | 0.784 | – | 0.802 | – |
| Item2 | 0.768 | 13.298 | 0.731 | 16.878 | 0.801 | 18.975 | 0.837 | 17.356 | 0.757 | 19.273 |
| Item3 | 0.773 | 13.336 | 0.718 | 16.383 | 0.785 | 18.371 | 0.621 | 11.483 | 0.598 | 17.558 |
| Item4 | 0.812 | 13.872 | 0.549 | 14.124 | 0.717 | 17.276 | 0.783 | 15.327 | 0.826 | 21.064 |
| Item5 | 0.780 | 13.453 | 0.806 | 18.439 | 0.739 | 17.838 | 0.776 | 14.972 |  |  |
| Item6 | 0.726 | 12.584 | 0.818 | 18.817 |  |  | 0.688 | 12.186 |  |  |
| Item7 |  |  | 0.792 | 17.565 |  |  | 0.724 | 14.272 |  |  |
| Item8 |  |  | 0.777 | 17.137 |  |  |  |  |  |  |

表4-5(續)

| 題項 | 隱私保護 標準化載荷 | T值 | 安全可靠 標準化載荷 | T值 | 公平競爭 標準化載荷 | T值 | 誠信經營 標準化載荷 | T值 | 社會責任履行 標準化載荷 | T值 |
|---|---|---|---|---|---|---|---|---|---|---|
| Item9 | | | 0.628 | 15.018 | | | | | | |
| Alpha | 0.871 | | 0.836 | | 0.762 | | 0.857 | | 0.795 | |
| AVE | 0.581 | | 0.533 | | 0.596 | | 0.559 | | 0.564 | |
| CR | 0.893 | | 0.910 | | 0.880 | | 0.898 | | 0.836 | |

註：Item1、Item2、Item3、Item4、Item5、Item6 分別指這些維度的第 1 道題、第 2 道題……

表4-6 顯示，各個維度平均抽取方差量（AVE）的均方根均大於該維度與其他維度之間的相關係數。這表明在線零售商營銷道德行為量表有較好區別效度。

表 4-6　　各維度均值、AVE 的均方根和維度間相關係數

| | 均值 | 隱私保護 | 安全可靠 | 公平競爭 | 誠信經營 | 社會責任履行 |
|---|---|---|---|---|---|---|
| 隱私保護 | 5.472 | 0.762[b] | | | | |
| 安全可靠 | 5.263 | 0.382 | 0.730[b] | | | |
| 公平競爭 | 5.224 | 0.443 | 0.526 | 0.772[b] | | |
| 誠信經營 | 5.047 | 0.368 | 0.333 | 0.476 | 0.748[b] | |
| 社會責任履行 | 4.785 | 0.215 | 0.171 | 0.293 | 0.347 | 0.751[b] |

註：b 表示 AVE 的均方根。

### 4.5.4　在線零售商營銷道德行為水平的測量

利用第二組樣本數據進行統計分析發現（見表 4-6），隱私保護維度的均值最高，為 5.472，接下來依次是安全可靠和公平競爭，誠信經營和社會責任履行的均值相對較低。就在線零售商的整體而言，平均得分是 5.158，接近於「基本不符合」。這表明中國在線零售企業表現出一定的營銷道德水平，特別體現在隱私保護方面，同時能做到公平參與市場競爭，並保證顧客交易過程和結果的安全可靠，但在誠信經營和社會責任履行方面的表現相對較差。

### 4.5.5　在線零售商類型和消費群體特徵的影響分析

基於表 4-5 中修正模型的 31 個題項以及 422 個總樣本，對隱私保護、安

全可靠、公平競爭、誠信經營、社會責任履行各項得分進行加總平均得到在線零售商營銷道德行為綜合評價得分，運用方差分析法考察不同在線零售商類型和消費群體特徵中的在線零售商營銷道德行為表現差異。其中，在線零售商分為線上和線下結合的多渠道零售商、純粹專業的電子商務企業兩類，消費群體特徵包括性別（男性和女性）、年齡（30歲以下的低年齡組和30歲以上的中高年齡組）、收入（月收入2,000元以下的低收入組和2,000元以上的中高收入組）、文化程度（大專及以下的低學歷組和本科及以上的中高學歷組）、網購頻率（經常和偶爾）、網路經歷（短指網購時間在1年以內，長指網購時間在1年以上）。方差分析結果見表4-7。

表4-7　　　　　　　　方差分析結果

| 項目 | | 樣本量 | 均值 | F值 | P值 |
|---|---|---|---|---|---|
| 在線零售商類型 | 多渠道零售商 | 186 | 5.326 | 5.923* | 0.031 |
| | 純電子商務企業 | 236 | 5.109 | | |
| 性別 | 男 | 141 | 5.101 | 6.337* | 0.012 |
| | 女 | 281 | 5.334 | | |
| 年齡 | 低年齡 | 225 | 5.412 | 15.828*** | 0.000 |
| | 中高年齡 | 197 | 5.023 | | |
| 收入 | 低收入 | 107 | 5.247 | 1.753 | 0.158 |
| | 中高收入 | 315 | 5.188 | | |
| 受教育程度 | 低學歷 | 194 | 5.373 | 10.252** | 0.001 |
| | 中高學歷 | 228 | 5.062 | | |
| 網購頻率 | 經常 | 248 | 5.117 | 5.896* | 0.018 |
| | 偶爾 | 174 | 5.318 | | |
| 網購經歷 | 長 | 294 | 5.042 | 12.668*** | 0.000 |
| | 短 | 128 | 5.393 | | |

註：*代表 $p<0.05$；**代表 $p<0.01$；***代表 $p<0.001$。

表4-7顯示，除收入對在線零售商營銷道德行為沒有顯著差異化影響外，在線零售商類型和消費者的性別、年齡、受教育程度、網購頻率、網路經歷的差異化影響都存在。相比純電子商務企業，消費者對多渠道零售商的營銷道德行為整體表現評價更高。這表明多渠道零售商由於同時結合了線下和線上渠道的優勢，使消費者對其產品和服務感知更為直接和客觀。這有助於提升消費者

對其營銷道德水平的評價。另外，相比男性消費者，女性消費者對在線零售商營銷道德行為整體表現評價更高。可能的解釋是女性更熱衷於網路購物，在網購中表現得更為感性、愉悅和興奮，從而轉移或降低了她們對在線零售商營銷道德的判斷能力。相比中高年齡消費者、中高學歷消費者，低年齡消費者、低學歷消費者對在線零售商營銷道德行為整體表現評價更高。這表明高年齡和中高學歷消費者由於具有更多購物經驗及理性判斷能力，更易察覺到在線零售商的不良營銷道德行為。相比網購頻率高和網購經歷長的消費者，網購頻率低和網購經歷短的消費者對在線零售商營銷道德行為整體表現評價更高。這表明網購時間和經驗越多，消費者對在線零售商營銷道德行為的理性判斷能力越強。

## 4.6 結論與討論

### 4.6.1 研究結論和價值

本研究從消費者感知視角對中國 B2C 在線零售商營銷道德行為量表的開發採用了兩階段的方式，第一階段主要運用文獻法和訪談方法，定性發展出在線零售商營銷道德行為的編碼表，第二階段則以調查問卷數據為基礎，運用量化方法對定性研究得到的結論作進一步的探索和驗證。通過預測試以及大樣本調查的因子分析和信效度檢驗發現，本研究開發的在線零售商營銷道德行為量表有良好的心理測量學品質，具有較好的信度和效度，共包括隱私保護、安全可靠、公平競爭、誠信經營、社會責任履行五個測量維度以及 31 個題項。本研究是對現有研究的推進和深化，其中，「隱私保護」「安全可靠」「公平競爭」與 Roman（2007）、閻俊和陳麗瑞（2008）、Cheng 等（2014）所發展的在線零售商道德量表中的維度基本保持一致，但在測量題項上有了新的發展和豐富。「誠信經營」和「社會責任履行」則是本研究過程中所呈現出的新維度。它們在過往研究中並沒得到重視，尤其是忽略了「社會責任履行」。由於近年來以阿里巴巴為代表的大型在線零售企業在自身獲利和不斷發展壯大的同時，開始日益關注和重視社會責任，因此，在線零售商通過履行社會責任這種高級別的道德運動，對贏得良好社會聲譽和品牌形象，吸引更多消費者青睞具有重要意義。

本研究基於量表的實證分析發現，在線零售商表現出一定的營銷道德水平，特別體現在隱私保護方面，同時在線零售商能夠做到公平參與市場競爭，並保證顧客交易過程和結果的安全可靠，但在誠信經營和社會責任履行方面的

表現相對較差。此外，在線零售商類型和消費者人口統計特徵的差異化影響也被證實。相比純電子商務企業，消費者對多渠道零售商的營銷道德行為整體表現評價更高；相比男性消費者，女性消費者對在線零售商營銷道德行為整體表現評價更高；相比中高年齡消費者、中高學歷消費者，低年齡消費者、低學歷消費者對在線零售商營銷道德行為整體表現評價更高；相比網購頻率高和購物經歷長的消費者，網購頻率低和網購經歷短的消費者對在線零售商營銷道德行為整體表現評價更高。

本研究的理論價值在於重新審視和認識了在線零售商營銷道德行為並對其進行了類目劃分和完善。這不僅提供了可信賴的在線零售商營銷道德測量工具，也為在線零售商營銷道德在發展中與發達國家之間的跨文化比較研究提供了借鑑。同時，本研究對中國在線零售商營銷道德治理和管理實踐的改善也有重要的實踐意義。

### 4.6.2 管理建議

第一，本研究證實發展出的在線零售商營銷道德行為測量量表可作為診斷工具，用來識別和衡量在線零售商在哪些方面需要進行道德改善。中國在線零售商可以應用該量表對其當前的營銷道德實踐進行標杆，即將本組織與理想狀態或其他組織進行比較，以察覺存在的缺陷，並經由改善營銷道德實踐來提升其相對品牌形象和績效水平。

第二，本研究發現，相比「隱私保護」「安全可靠」「公平競爭」三個道德維度，中國B2C在線零售商的誠信經營能力以及對社會責任的履行能力相對較弱。因此，在線零售商應全面實施道德營銷戰略，突出誠信經營和社會責任履行。首先，應繼續提升消費者對在線零售商隱私保護、安全可靠、公平競爭的感知水平。未經消費者許可，不能非法收集、使用、洩露和傳播消費者的個人信息，隨意向消費者發送垃圾郵件，保證商品及時發貨和交貨及其在物流配送中不損壞或丟失，加強網路購物系統和支付方式的安全保證，對消費者投訴及時回應和處理，做到無隱私保護聲明，在界面詳細描述產品和服務信息，確保消費者獲得周到的售後服務。在線零售商應共同營造公平的競爭環境，不隨意模仿或抄襲競爭對手的界面設計，不惡意進行價格競爭和貶低對手，以不正當手段獲得競爭對手的知識產權和商業秘密。其次，在線零售商應堅持誠信經營理念和行為，不做虛假廣告，不隨意隱瞞瑕疵信息和誇大產品功效，做到產品與訂購一致性，不銷售假貨，不通過違規「刷」信譽度和虛構交易記錄或交易評價的手段誤導消費者，積極兌現各種促銷承諾和服務承諾。最后，在

線零售商應積極承擔和履行社會責任，為員工創造好的工作環境和條件，激發員工的工作積極性和服務質量，努力提升網站流量和經濟效應，為社會創造更多就業機會，積極承擔環境責任，參加公益事業、捐贈活動，幫助弱勢群體。總之，中國在線零售商應全面實施道德營銷戰略，滿足包括消費者在內的多元利益相關者的要求。

第三，根據在線零售商營銷道德行為的消費者感知差異性，積極推進多渠道零售和調整道德營銷策略。隨著商家線上線下雙向發展加劇，零售市場由單渠道零售階段逐漸步入多渠道零售階段。網路零售的虛擬化、高競爭、信任危機、物流不暢等一些不利因素也迫使純粹的電子商務企業著手開設實體店，向線下延伸。結合實體門店與在線商店的多渠道零售模式已成為全球零售業發展的新趨勢。多渠道零售不僅可利用原有品牌效應和顧客忠誠度，減少營銷成本，而且可為顧客提供更方便的渠道選擇機會和更多樣化的服務，有助於提升消費者的道德感知和培育其對零售商的忠誠。同時，政府及相關部門應該加強在線購物倫理道德教育和宣傳活動，特別是積極培養和提升女性消費群體、低年齡消費群體、低文化程度消費群體、網購經驗不豐富的消費群體的道德意識，提升其理性判斷能力，從而形成消費壓力，促使在線零售商積極改進營銷道德活動。

### 4.6.3 研究局限和進一步研究方向

首先，由於在線零售商營銷道德在不同文化背景中的理解不盡相同，因此評估本研究提出的測量量表在不同國家和不同類型的在線零售企業中的可推廣性，將有助於發展出一個更為全面的在線零售商營銷道德行為架構；其次，在線零售商營銷道德行為的先決條件需要進一步的理論和經驗研究，因為對營銷經理而言，需要知道如何將這些先決條件工具化，借以塑造在線零售商道德營銷戰略；最後，后續研究可採用更加系統化的績效評估模型來探討在線零售營銷道德與消費者回應維度間的複雜關係，深入分析其內在機制。

# 5 在線零售商道德性營銷決策——前因、結果及調節機制

從理論層面分析，在線零售商營銷道德失範行為受到內外部因素的驅動，從而破壞企業有效地進行道德性營銷決策。因此，基於上述章節理論分析的參考，本章具體構建在線零售商道德性營銷決策的研究模型，並採取實證方法檢驗不同內外因對在線零售商道德性營銷決策的作用機理以及在線零售商道德性營銷決策對其營銷績效的影響效應，同時，考察在線零售商特徵在其中的調節機制。

## 5.1 問題的提出

隨著中國在線零售產業和市場的快速發展，與在線購物和交易相關的一些倫理道德和社會問題頻繁出現，在線零售商的網上行為出現了一些突破傳統道德規範的新的道德問題。它們從根本上損害了廣大在線消費者及社會的利益，破壞了在線零售商的企業形象和網路零售商業市場的競爭秩序，更為嚴重的是敗壞了社會風氣，影響了市場經濟的良性運作。隨著市場經濟和科技水平的發展，在線零售商的商業道德行為愈發凸顯出重要的現實意義。因此，加強在線零售商道德性營銷決策，提升在線零售商營銷績效水平勢在必行。然而，學界關於在線零售商道德性營銷決策受哪些因素的影響，以及這些因素如何通過道德性營銷決策促進在線零售商營銷績效水平的提升，還缺乏深入的理論分析和實證探討。這又不利於為在線零售商營銷道德失範行為的治理提供決策參考和指導意見。因此，本研究將有助於全面瞭解在線零售商道德性營銷決策的前因，為在線零售商營銷道德的有效治理提供針對性策略建議，從而為在線零售商創造競爭優勢以及促進誠信和諧網路零售商圈的發展有積極意義。

本章的內容結構安排如下：首先，回顧在線零售商營銷道德的內涵以及界

定在線零售商道德性營銷決策的內涵；其次，基於文獻法和訪談法提煉出在線零售商道德性營銷決策的影響因素，並構建在線零售商道德性營銷決策影響因素及其對營銷績效影響的調節機制模型和研究假設；再次，開發出測量量表，並設計調查問卷和開展面向在線零售企業中高層管理者的調查；最後，運用AMOS18.0和SPSS18.0軟件對研究模型和假設進行實證檢驗，對研究結果進行討論，提出一些重要的建議，並對本研究的局限性以及進一步研究方向進行探討。

## 5.2 文獻綜述和研究模型

### 5.2.1 在線零售商營銷道德的內涵

由於互聯網的廣泛性、開放性和隱蔽性，將營銷和消費者服務轉移到網路上面臨巨大挑戰，包括道德問題的出現及由此導致的負面消費者反應（Wirtz et al., 2007）。許多在線零售商的營銷行為突破了傳統道德的規範，產生了一些新的違背道德的行為，從而導致在線零售商營銷道德失範行為的規範和治理面臨新的挑戰。然而學界關於在線零售商業情境中的營銷道德問題還缺乏系統和深入探討。相關研究主要集中在傳統實體零售企業社會責任的概念、動因、實施策略和評價體系等幾個方面（沈鵬熠，2011）。儘管以甘碧群為代表的國內營銷道德研究學者較系統地闡述了實體企業營銷道德的概念和基本理論體系，但並不能完全適用於在線零售企業為對象的研究情境中。在線零售商營銷道德研究亟待形成一套相適應的理論和方法體系。營銷道德是與營銷決策和營銷情境相關的道德判斷、標準和規則（Hunt et al., 1986）。在線零售商營銷道德是調整在線零售商與所有利益相關者關係的行為規範的總和。它反應了在線零售企業的營銷活動符合人們道德規範的程度，主要涉及在線零售商在交易活動中體現的道德水平。在線零售商的營銷活動自覺地接受道德規範的約束，符合社會道德標準。其實質是解決企業如何承擔好社會責任，妥善解決企業利益同顧客利益、自然環境利益以及社會利益的關係，強調營利與道德的雙重標準，杜絕損害消費者、社會和公眾利益的營銷行為。其中，在線零售商營銷道德的核心是企業對消費者利益的主動保護，反應了企業對營銷道德規範的遵循程度。在線零售商營銷道德是在線零售商為了自身發展而制定的行為準則。理智的在線零售商應把利益訴求控制在合理的範圍內，並以消費者利益作為確定善惡的標準。因此，在線零售商在營銷活動中如果違背了道德標準，就會產生

一系列的營銷道德失範現象。

　　全面和科學理解在線零售商營銷道德的內涵及其失範表現是在線零售商進行合理的道德性營銷決策的前提。因此，現有研究的重心也聚焦在在線零售商營銷道德內涵和測量維度的考察和分析中。從國外的相關研究看，學者主要從消費者視角對在線零售商營銷道德的維度進行界定。Bush 等（2000）採用開放式問卷調查發現，美國在線消費者從網上交易的安全性、網站非法行為（如詐欺）、隱私保護、網路信息真實性四個方面評價購物網站的營銷道德。Miyazaki 和 Fernandez（2001）發現在線消費者對隱私保護、系統安全性和詐欺行為這些道德問題比較敏感。Ranganathan 和 Ganapathy（2002）發現，在線 B2C 消費者比較關注網站所提供的信息內容、網站設計、安全性和隱私權，並且最關注的是安全性和隱私權。Roman（2007）認為在線零售商道德是消費者對在線零售商（網站）誠信和責任的認知，這種認知來源於在線零售商以安全、公正、誠實的方式與消費者進行交易，並最終保護消費者的利益。其研究表明，安全性、隱私保護、無欺騙性、合同履行/可靠性會影響西班牙在線消費者對零售網站的道德水平的認知。隨著研究的跨文化擴展，國內的學者也開始對在線零售商營銷道德相關問題展開探討。其中，甘碧群和廖以臣（2004）認為不正當收集和使用消費者個人信息、網上發布虛假和不健康甚至違法的信息、使用垃圾郵件營銷、網上交易詐欺是主要的網路不道德現象。時剛強等（2006）則進一步通過定性研究將企業網路營銷道德歸納為隱私保護、信息詐欺、數字化產權、信息污染、信息安全和其他問題六類問題。王俊（2006）也總結了十種與網上購物有關的不道德行為（如交貨延遲甚至在交款後沒有收到商品、網上標註低價的商品永遠缺貨等）。閻俊和陳麗瑞（2008）通過問卷調查，構建了一個中國本土文化環境下的 B2C 網站營銷道德評價模型。數據分析發現，交易結果的可靠性、交易過程的安全性、促銷的誠信性、競爭的公平性和廣告的適度性五個因子顯著影響著在線消費者對 B2C 網站營銷道德的評價。蔣侃（2012）在文獻研究的基礎上，將在線零售商道德歸納為交易過程安全性、隱私保護、交易可靠性、公平、非欺騙性五個方面。由此可見，在線零售商營銷道德與實體企業營銷道德一樣，其涉及的範圍也是十分廣泛的。在線零售商營銷道德貫穿於企業開展網路營銷的整個過程，包括信息發布、信息收集、客戶服務以及各種網上交易活動，涉及網站發布虛假和違法廣告、產品描述不真實、價格歧視、隱私權侵權、垃圾郵件泛濫、網路營銷詐欺行為、非法獲取並公開和使用消費者信息、信息詐欺問題、數字化產權問題、信息安全問題等多個方面。

### 5.2.2 在線零售商道德性營銷決策及其影響因素

在線零售商道德性營銷決策是指在線零售商以用戶和社會需求為動機，採取正當的營銷方法和手段，給在線消費者和社會帶來利益滿足，從而有利於在線零售商自身健康發展的營銷決策活動。在線零售商在展開營銷的過程中如果違背了道德標準，就會消極影響到道德性營銷決策，從而產生營銷道德失範問題。在實踐中，判斷某一營銷行為是否合乎道德，並非想像的那麼容易。關於什麼樣的行為才是符合道德標準的問題，學界有兩大觀點，即依據行為的動機或過程判定道德標準的道義論和依據行為的結果判定道德標準的目的論。本書認為應當將目的論和道義論結合起來，即把動機、手段與后果結合起來作為判斷在線零售商是否進行了道德性營銷決策的依據。如果在線零售商營銷決策的動機是以滿足廣大消費者及社會的需求而非狹隘地以利潤最大化為出發點，並貫穿於營銷決策全過程中，在交易過程中真正做到了誠信、安全、可靠和公平，最終確保營銷決策實施的結果給社會和廣大消費者帶來了最大的幸福和利益滿足，則表明在線零售商營銷決策具有道德性。儘管，從理論的角度而言，可以從營銷決策行為的目的、手段和后果上判斷某一營銷決策是否符合道德性營銷決策的實質，但制約在線零售商道德性營銷決策的具體因素究竟有哪些並不清晰。趙立（2011）的研究圍繞實體企業營銷道德失範的影響因素進行了歸納，認為影響組織道德氛圍的因素包括個體水平因素（Erben and Gneer, 2008; Grojean et al., 2004）和組織水平因素（Shafer, 2008; Bourne and Snead, 1999），但缺乏實證研究佐證，並且這些研究並不一定適用於在線零售情境中。為了深入理解在線零售商道德性營銷決策的前因，在參考第 3 章關於在線零售商營銷道德失範影響因素理論分析的基礎上，本研究又進行了訪談研究，主要選擇南昌、武漢、長沙、上海、深圳等地的 B2C 在線零售商進行深度訪談，瞭解業界對在線零售商道德性營銷決策本質內涵及其影響因素的看法。最後，綜合理論分析、文獻研究和訪談研究的結果，發現在線零售商道德性營銷決策的前因涉及外部因素和內部因素。其中，外部因素包括市場信息不對稱、制度壓力、消費者自我保護、網購技術環境四個方面；內部因素包括倫理型領導、員工-顧客關係質量、組織道德氛圍三個方面。

(1) 外部因素

①信息不對稱。信息不對稱是指經濟行為人對於同一經濟事件掌握的信息量有差異，即部分經濟行為人擁有更多更良好的信息，而另一部分則僅擁有較少的、不完全的信息。信息不對稱在經濟領域易招致道德風險，這早已引起學

者們的關注。信息不對稱必定導致信息擁有方為謀取自身更大利益，使另一方的利益受損。這種行為造成一種道德風險（李安林，2008）。信息不對稱從客觀上使賣方為自身謀利所冒的風險很小，而自己的商業倫理道德水平又達不到自律要求時，便會利用信息不對稱，非法或違規操作獲利，損害對方利益（張娜和趙曉，2012）。在線零售商與消費者的博弈往往是在信息不對稱的狀況下進行的，消費者處於明顯的信息劣勢。而這種信息不對稱狀況是造成在線零售商營銷道德失範的重要因素。網路世界是一個「虛擬世界」，在這個「虛擬世界」充滿了各種各樣的信息。在線零售商和消費者之間信息不對稱，經過「虛擬」網路進一步放大。這給了一些在線零售商行使不道德行為的機會，因為在短期內，非道德營銷的成本低，而且非道德營銷有時能獲得較大的盈利。在線零售交易中，在線零售商與消費者雙方信息地位的優劣往往取決於他們各自所擁有的信息量。在線零售商信息量大，具有信息優勢，而消費者則信息量最少，處於信息劣勢。這種信息不對稱狀況就會造成「逆向選擇」和「道德風險」，從而導致賣方對買方的誤導、價格和促銷詐欺、隱瞞、銷售假冒偽劣產品、發布虛假商業信息等不道德行為。如果將交易活動視作一個博弈過程，顯然在線零售商與消費者的博弈則是在信息不對稱的狀況下進行的，消費者處於明顯的信息劣勢。而這種信息不對稱狀況就成為造成在線零售商營銷道德失範的重要推動因素，為在線零售商營銷道德失範創造了客觀條件。因此，本研究提出如下假設：

H5-1：市場信息不對稱對在線零售商道德性營銷決策有消極影響。

②制度壓力。在中國目前轉軌經濟環境下，影響企業行為的因素除了企業內部因素外，制度環境也起著深刻的作用（夏立軍等，2007），因為制度條件能夠改變企業從事某一行為的收益和損失，從而影響企業的動機和決策偏好。制度是規範人們交易活動的一套行為規則，是支配經濟單位之間可能的合作與競爭方式的一種安排，包括正式的制度安排和非正式的制度安排。制度會影響企業的行為選擇，因為制度條件能夠改變企業從事某一行為的收益和損失，從而影響企業的動機和決策偏好。企業的行為往往內生於制度環境，是在既定環境下適應環境的理性選擇。處於轉軌經濟環境下的中國，制度環境的主要特徵包括政府對經濟的干預、要素市場不發達以及法律環境的不完善等。因此，要分析與考察轉軌經濟條件下的中國企業行為，就離不開對這些制度環境的分析。企業道德風險的產生，根本原因在於戰略管理過程中缺乏行之有效的倫理管制方法（陳文軍，2011）。企業外部的制度壓力對在線零售商可以形成一種監督力量。外部監督力量可以激發團隊內部成員的內疚感和集體榮譽感（Gino et al.，2009），因此降低了集體不道德風險。當有組織成員做出非倫理行為時，其他成員是否跟隨，在很大程度上取決於外部環境（譚亞莉等，2011）。制度環境因素是促發或改變企業社會責任活動的重要影響因素（Brickson，2007）。Scott（2001）認為，制度是由規制、規範和文化認知三個層面的支柱要素所組成。而制度壓力包括規制壓力、規範壓力和認知壓力。其中規制壓力是通過制定規則、監督承諾和獎懲行動來規制企業行為的。它更多地體現為正式頒布的法律法規和各種行業標準。規範壓力更多通過道德支配的方式來約束企業的適當性行為，體現為價值觀和行為規範。認知壓力是指企業通過對同行中已經存在和較為流行的各種經驗與行為方式的認知，採取模仿等行為以使自身的行為穩定化。企業所面臨的規制壓力主要來源於政府、專業組織、行業協會等部門制定的法律、政策和法規等具有法律權威或者與法律權威相類似的各種細則（Scott，2001）。Husted 和 Allen（2006）認為，跨國公司是在制度壓力的影響下而進行 CSR 管理方面的決策制定。Campbell（2006，2007）提出，在政府規制較為強勢、監督更為明顯的制度環境條件下，企業會體現出較好的社會責任績效。各級政府通過法律和頒布行政文件的方式對企業社會責任進行規制。由此可見，在線零售商道德性營銷決策與社會法制體系的完善程度及監督執法力度等制度因素密切相關。因此，本研究提出如下假設：

H5-2：制度壓力對在線零售商道德性營銷決策有積極影響。

③消費者自我保護。消費者道德意識和責任感的缺失以及文化素質、法治觀念和知識產權保護上的淡薄，易降低在線購物和交易過程中的自我保護能力，導致消費者對在線零售商不良營銷行為缺乏鑑別力或漠不關心，缺乏有效運用法律武器應對損害自身利益的不良營銷行為。消費者如果有較強的自我保護意識，則可對在線零售商的不良營銷行為進行有效抵制，從而對在線零售商進行道德性營銷決策提供一種壓力。然而，在線零售商業市場不夠成熟和規範，以及消費者在線交易過程中的自我保護意識和能力還較弱，為在線零售商從事不道德營銷活動提供了可乘之機，加速了違德營銷行為的蔓延和擴散。基於此，本研究提出如下假設：

H5-3：消費者自我保護對在線零售商道德性營銷決策有積極影響。

④網購技術環境。在線零售建立在高速發展的互聯網技術上，要求網路傳輸有極快回應速度和暢通道路。中國網路基礎設施建設質量離在線零售營銷的要求還有一定差距。特別是，有待加強在線零售營銷中的網路安全技術研究與建設，如密碼技術、訪問控制技術、鑑別技術、數據保護技術等。同時，中國網路支付的技術手段有待加強，不僅缺乏安全通用的電子貨幣，而且網路分銷

的現金交割方式尚不能滿足全面的網路營銷應用。另外，電子商務信用體系還不成熟，缺乏足夠多的網路信用工具，導致了人們對電子商務信用工具的不信任。因此，網購技術環境的不成熟是制約在線零售商道德性營銷決策的重要因素。基於此，本研究提出如下假設：

H5-4：網購技術環境對在線零售商道德性營銷決策有積極影響。

（2）內在因素

①倫理型領導。人們具備實施利他行為的善端，並不意味著人們就能夠從事利他的行為。現實中企業就會自覺自願地承擔社會責任。這是因為，決定人們實際行為的因素多種多樣。企業所處的社會環境和組成企業的人員特別是管理決策層對道德的認同程度，決定著企業是否自願承擔社會責任以及承擔多大的社會責任（周友蘇和寧全紅，2010）。組織誠信危機幾乎都萌芽於組織內部，源起於個人非倫理行為的不斷傳遞與擴散（Donald, 2008），而這其中管理者作為組織文化的締造者和組織價值的布道者起到至關重要的作用。正由於他們在組織中是不可取代的角色，其職場非倫理行為已經超越了個體層面，而對組織產生即時甚至長遠的影響（譚亞莉等，2011）。組織高層領導越重視並嚴格規範自身的倫理行為，組織內員工的非倫理行為將顯著減少，組織的倫理氛圍更明確，員工承諾感更高（Weaver et al., 1999）。組織高層的倫理領導是阻止集體不道德蔓延的關鍵因素（Gino et al., 2009）。領導者作為企業決策的制定者，對道德規範的尊崇與否同企業社會責任行為有著直接關係。領導者道德問題越來越受到社會的廣泛關注，道德規範在領導力中的重要性日漸突顯，且具放大效應（張笑峰和席西民，2014）。倫理型領導被認為應當誠實、可信，其在個人生活和職場工作中的行為符合道德規範，是關心他人和外部社會的公平且有原則的決策制定者；作為道德管理者，倫理型領導影響員工的道德或非道德行為，其通過樹立道德規範的榜樣和運用獎懲體系來向員工傳播道德規範和價值標準（Trevino et al., 2000）。社會學習理論認為，個體通過關注和效仿來學習可信且引人注意的榜樣的態度、價值觀和行為，幾乎每個個體都會向其他個體尋求道德規範的引導等。社會學習理論解釋了倫理型領導影響組織內員工的道德規範行為的過程和機制。倫理型領導是在個人行動以及人際交往中表現出符合道德規範的行為，同時通過雙向溝通、強化以及制定規範等方式向員工推廣這些行為（Brown et al., 2005）。倫理型領導強調道德管理，通過制定道德標準以及獎懲措施影響員工在道德規範方面的行為表現。領導者通過在組織中樹立道德模範，建立和維持道德規範標準，並以身作則展示其倫理型領導行為；通過雙向溝通和相關獎懲措施，在組織中承擔道德管理者角色，從

而影響員工的額外努力和滿意度等（Avey et al., 2009）、組織公民行為等（Avey et al., 2011）和績效等（Toor and Ofori, 2011）一系列的反應結果。社會交換理論將領導者對下屬的倫理影響視作一個互惠過程（洪雁和王端旭，2011）。倫理型領導保護團隊成員的權利，在人際互動中重視平等、自由、尊重等基本人權（Brown, 2006）。這些管理舉措使團隊成員產生真誠回報的強烈責任感，表現出更願意參加角色外活動，任務績效更高。倫理型領導在決策制定中強調社會責任、尊重專業能力，增強了團隊成員的工作積極性，激發團隊成員進一步拓展自己的工作角色，表現出更多的主動性行為。綜上所述，本研究提出如下假設：

H5-5：倫理型領導對在線零售商道德性營銷決策有積極影響。

②員工-顧客關係質量。關係質量是西方關係營銷領域的重要研究成果，儘管有關關係質量的文獻不少，但對關係質量的定義仍不清晰。Crosby 等（1990）從人際關係角度出發，將關係質量定義為顧客在過去滿意的基礎上，對銷售人員未來行為的誠實與信任的依賴程度。高關係質量意味著顧客充分信任服務銷售人員，並且對服務銷售人員以往表現滿意從而對其未來表現充滿信心。Henning-Thurau 和 Klee（1997）認為，關係質量如同產品質量，可被視為在滿足顧客關係需求上的迫切程度，並可歸結為顧客對營銷者及其產品的信任與承諾。Holmlund（2001）則提出了 B2B 狀態下的關係質量定義，認為關係質量是指商業關係中合作雙方的重要人士根據一定的標準對商業往來效果的綜合評價。可見，關係質量是一個相對模糊的概念，人們對其缺乏共識。這主要歸因於學者們是基於不同的研究情境和視角對關係質量進行認知的。關於關係質量的維度，目前還沒有一致的定論。Crosby 等（1990）認為關係質量由滿意和信任兩個維度組成。Storbacka 等（1994）構建了一個包含服務質量、顧客滿意、關係力量、關係長度與關係盈利能力等因素的關係質量動態模型，並且提出關係質量維度包含滿意、承諾、溝通和聯繫等因素。總體來看，關係質量的構成維度因所研究的行業差異而不同，但是信任、滿意和承諾卻被公認為關係質量的主要維度，並在國內外的實證研究中得到了廣泛運用。其中，滿意是顧客在實際消費體驗后與預期進行比較的結果，是顧客對於產品、服務喜好程度的一種評估。信任是指顧客對交易夥伴的可靠和正直有信心的認知，即顧客相信企業是可以依賴的，並且相信企業會採取對自己有長遠利益的服務。承諾是交易夥伴之間對於關係的持續的暗示或明白的誓約，是關係雙方想要持續維持有利關係的慾望，承諾可以確保關係的長期保持。一般而言，關係質量越高，顧客對與企業間的互動關係感到越滿意，並認為該企業值得信任，進而承

诺双方进一步的关系。

在关系营销领域，通常认为顾客忠诚度依赖于长期发展起来的组织与消费者之间的关系质量，能够体现正面价值的关系是高质量的。关系质量是由许多正向关系结果所组成的高阶构念，反应出关系的总体强度以及满足顾客需要及期望的程度。通常是关系质量越高，顾客对于组织间的互动关系感到越满意，并认为该组织值得信任，进而承诺双方进一步的关系。从文献回顾看，多数学者都提到了满意、信任和承诺这3个维度是关系质量的构成内容。

关系质量通过满意、信任和承诺来呈现。满意不仅可以代表关系是否有效，也可用来预测未来行为。一般消费者越满意，越有助于组织建立长期导向的夥伴关系，因此其实施非伦理行为的倾向越小。信任是指消费者相信对方。获得信任的组织通常会相信顾客对组织有依恋和偏好倾向，就更愿意采取避免伤害顾客的行动，诸如减少或放弃非伦理行为来表示确保与顾客的良好关系继续下去。承诺是想要持续维持有价值关系的一种愿望，不论是基于对关系的情绪连结，还是基于对保持现有关系产生较高利益的现实考虑，获得顾客高承诺的组织一般都不愿意采取有风险的行动来破坏双方关系，表现在伦理行为上，通常是组织非伦理行为减少。基于上述分析，本研究提出假设：

H5-6：员工-顾客关系质量对在线零售商道德性营销决策有积极影响。

③组织道德氛围。个人在组织中因为受到社会规范压力，并不能完全依照自由意志做决策。影响行为的主要因素有伦理议题引发的道德强度知觉、个人因素和组织文化（Ferrell et al., 2000; Wittmer, 1992）。这些因素相互独立又交互影响地发生作用，影响伦理评估及意图，进而影响非伦理行为的产生。伦理氛围是团队内部个体对团队所表徵的伦理特性的共同知觉（Schminke, 2005）。组织中有伦理法规、标准化流程等正式的管理系统帮助团队领导建立一种良好的伦理氛围。但是团队领导的行为会产生更深刻的影响，伦理氛围在很大程度上由团队领导亲自塑造并决定。在一种充满良好道德氛围的环境中做正确的事情是重要的。员工有充分的道德问题意识，希望维持较高的道德标准，乐于提高组织的道德底线。这样的道德氛围进而影响员工的心理活动和行为（如组织承诺、组织公民行为以及员工产出等）。Mayer等（2010）的研究结论表明，领导者在展现其伦理型领导力时，组织中更容易产生并维持道德氛围。在这样的环境中，员工对道德规范问题保持关注并乐于提升组织的道德底线，进而减少从事不端行为的动机。伦理氛围既是抑制非伦理行为激发、也是控制非伦理行为传播的重要调节变量，实质上是组织中一般成员、管理者和高层领导伦理行为相互叠加和影响形成的（谭亚莉等，2011）。个人道德价值观

與組織倫理氛圍雖會相互影響，但個人道德觀必須通過組織倫理氛圍的催化，才會起到積極作用。比如，當組織存在關懷型的倫理氛圍時，經理人成功與倫理行為有強烈的正相關關係；當組織存在功利型的倫理氛圍時，經理人成功與倫理行為有強烈的負相關關係（Deshpande，1996）。Peterson（2004）更證實了組織倫理價值觀在管理者正直性影響部屬倫理意圖過程中所起到的顯著調節作用。目前，弄虛作假、假冒偽劣、惡意拖欠等不講誠信、不講商業道德的行為處處可見，並導致劣幣驅逐良幣的現象。這種現象不僅嚴重侵害了消費者利益和其他利益相關者的利益，而且嚴重影響了中國企業的公信力和中國經濟的健康發展。在市場經濟快速發展的今天，誠信是企業生存之本。因此，推動誠信商業文化和倫理道德氛圍的重塑，開展誠信經營，應是中國每一個企業必須承擔的社會責任（劉文鋼等，2010）。可見，塑造良好道德氛圍，有利於在線零售商順利開展道德營銷活動。因此，本研究提出如下假設：

H5-7：組織道德氛圍對在線零售商道德性營銷決策有積極影響。

### 5.2.3 在線零售商道德性營銷決策與營銷績效

不少研究已經證實了組織道德氛圍在個體層面的積極結果，如組織承諾（Cullen et al.，2003）、工作滿意感（Okpara，2004）和心理健康水平（Barnett and Shubert，2002）、員工工作安全行為與組織公民行為（Parboteeah and Kapp，2008）等。更多的規範性和實證性研究都支持了良好的商業道德有助於企業價值的提升（楊忠智，2012）。在中國，對組織道德氛圍的研究尚處於起步階段。趙立（2011）從組織道德決策的角度構建了中小企業組織道德氛圍以及組織績效的結構模型，並分析了組織道德氛圍對組織績效的影響。結果表明，組織道德氛圍各維度對組織績效具有直接、顯著的預測作用，其中對道德滿意感的預測效果最好。周秀蘭和唐志強（2013）定性分析了企業營銷道德與營銷績效之間的相關關係，認為企業營銷道德的四個測評維度與市場績效間均為正相關關係，而與財務績效的關係中只有三個維度（誠信、社會責任與公平競爭）對其存在正向影響。儘管如此，對於在線零售商道德性營銷決策在組織層面的效應，仍迫切需要加以考察。一個有道德誠信的在線零售商更易贏得消費者的青睞，在消費者心目中塑造自己崇高的商業形象。道德誠信是商家的利潤之源，更是提高企業市場績效的源泉。在線零售市場的惡性競爭行為導致企業盈利水平下降和經營風險的加大。這樣的惡性競爭使消費者的權益及企業自身的聲譽受損，帶有某種程度的不規範性、非有效性和道德風險性，阻礙了企業的可持續發展。馮桂平和牟莉莉（2009）以家電企業作為對象的

研究表明，競爭行動及公平性對企業市場績效有顯著影響，競爭越公平，企業的市場績效越好。企業在市場營運中進行有效的公平競爭，可以帶來市場績效的提高。企業誠信是一種具有道德屬性的經濟範疇，是促進企業發展的無形推動力，更是企業提升自身價值的一種重要途徑。趙旭（2011）以 58 家信息技術業上市公司為樣本，對它們的誠信、擔保及企業價值相關關係進行了實證研究。結果表明誠信水平和企業市場業績呈正相關關係。誠信這項無形資源足以將分散的外部社會資源進行有效的組合，從而為企業樹立形象，提升品牌價值，獲得消費者各方面的認可，帶來強有力的市場競爭優勢。可以說，誠信是企業提升市場績效的源泉，也是強化企業競爭優勢的隱性關鍵因素和社會資本。因此，誠信是企業得以持續發展不可或缺的資源，企業誠信水平越高，其市場績效也越好。另外，企業社會責任通常運用於創建正面積極的顧客關係與良好的企業形象；同時消費者對企業社會責任的認知會影響其對企業產品認知質量的評價，尤其在發生產品傷害事件之後，消費者對企業社會責任的感知在消費者選擇是否購買該企業產品時扮演著重要的角色，甚至超出了對產品屬性等方面的理性評判，繼而會對企業的新產品評價產生暈輪效應，直接影響到企業的財務績效（牛永革和李蔚，2006）。由此推論，如果在線零售商沒有積極承擔道德責任或者不願承擔應有的道德責任，對此方面責任的履行會觸及消費者的感知，繼而對在線零售商的品牌形象與品牌資產產生負面影響，最終影響到在線零售商的銷售。根據社會認同理論，人們對有吸引力的企業具有認同感，會肯定企業的存在價值，從而幫助企業建立良好的聲譽，提高市場績效。多項實證研究也表明，企業承擔社會責任能顯著提高其品牌知名度與美譽度（Carrigan et al.，2001）。Mc Williams 等（2006）認為，具有社會責任感的企業使得其產品形成縱向差異化。這種差異化可以維護或提升企業聲譽而帶來額外的價值。胡銘（2008）也指出，企業履行社會責任有助於提升其顧客滿意度，而顧客滿意度的提升在企業市場績效的改善方面可以起到仲介的作用。因此，承擔社會責任是企業提高聲譽的源泉，是贏得消費者信任的基礎。尤其當消費者介入度較低時，可能主要憑藉其感知的企業形象做出購買判斷。概括來講，承擔社會責任為企業帶來良好的聲譽，而良好的聲譽會影響顧客的購買意向或產品感知質量，對企業營銷創新有積極的正向影響，企業便實現了市場績效的增長。Honga 等（2010）通過對 588 名消費者進行調查後發現，積極承擔社會責任的企業更容易得到消費者的認可，並能提高其在消費者中的知名度，從而增加企業的收益。李維安和唐躍軍（2005）基於中國市場的研究也發現，公司所處的自然環境和社會環境對公司長遠發展日益重要，而且切實履行公司應

當承擔的社會責任，讓公司擁有良好的人脈和聲譽，有利於提升公司和諧程度，有利於公司實現盈利目標。綜上所述，本研究提出如下假設：

H5-8：在線零售商道德性營銷決策對營銷績效有積極影響。

### 5.2.4 在線零售商特徵的調節作用

從微觀層面看，在線零售商道德性營銷決策及其營銷績效水平的高低也與企業的自身特徵有關。不同特徵在線零售商所擁有的資源和能力不一樣，決定了其道德性營銷決策效果的差異。不同類型和規模的在線零售商對外部因素的感知差異及其內部環境的不同，從而導致了不同特徵的在線零售商在道德性營銷決策的感知和評價上具有一定的差異性。同時，不同類型和規模的在線零售商在道德性營銷決策感知和評價上的差異性也會導致不同營銷績效水平。在線零售商營銷道德行為的執行，經常需要投入大量的企業資金，而往往只有一些大企業才能承擔。對於一些大企業而言，往往也更加註重自身的企業形象塑造，更加有動力對外宣傳自己的社會責任（王勇，2011）。Foster（1986）也提出，導致企業社會責任建設和披露的影響變量中，最顯著的變量就是公司規模。因此，本研究提出如下假設：

H5-9：在線零售商類型對在線零售商道德性營銷決策及其前因有調節作用。

H5-10：在線零售商類型對在線零售商道德性營銷決策及其營銷績效有調節作用。

H5-11：在線零售商規模對在線零售商道德性營銷決策及其前因有調節作用。

H5-12：在線零售商規模對在線零售商道德性營銷決策及其營銷績效有調節作用。

綜上所述，本研究提出如下理論模型，如圖 5-1 所示。

## 5.3 研究設計

### 5.3.1 變量測量及問卷設計

為獲得用於調查研究的問卷，筆者通過文獻回顧獲得了一些測量題項，然后在此基礎上又進行了深度訪談進行測項補充和完善，共形成了包括信息不對稱、制度壓力、消費者自我保護、網購技術環境、倫理型領導、員工-顧客關

[圖：理論模型]

外部因素：信息不對稱、制度壓力、消費者自我保護、網購技術環境

內在因素：倫理型領導、員工-顧客關系質量、組織道德氛圍

調節變量：在線零售商類型、在線零售商規模

→ 在線零售商道德性營銷決策 → 在線零售商營銷績效

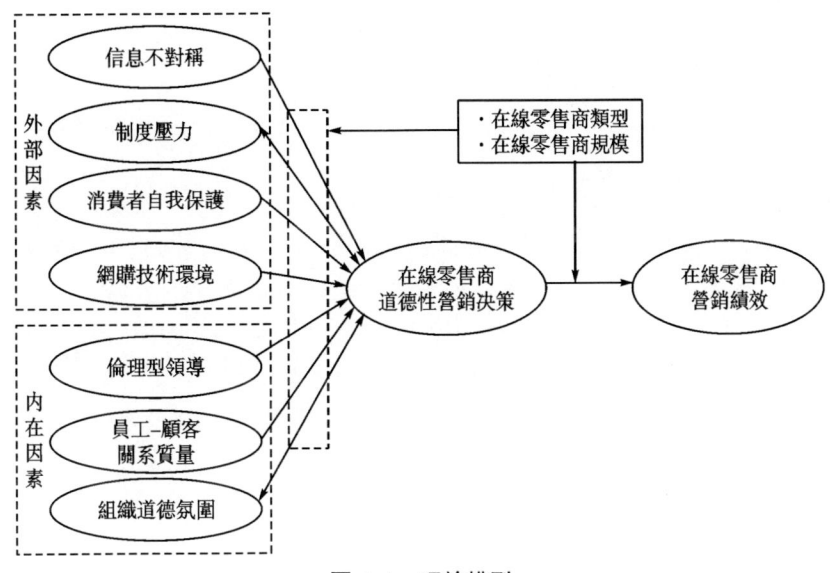

圖 5-1　理論模型

係質量、組織道德氛圍、在線零售商道德性營銷決策、在線零售商營銷績效 9 個變量 43 個題項。隨后通過預調研對量表進行純化。根據對 58 個網路零售經理進行預測試，通過將「分項對總項相關係數」低於 0.4 的題項予以刪除，共刪除 5 個題項，最終保留了 38 個題項構成正式調查問卷。正式問卷採用 Likert 7 級量表的形式，1 代表「非常不同意」，7 代表「非常同意」。

### 5.3.2　抽樣與數據採集

本研究以 B2C 在線零售商為調研對象，利用實地面訪、郵寄問卷、E-mail 調查等方式收集問卷，受訪者為商品製造商、經營著離線商店的零售商和沒有離線商店的虛擬零售企業三類 B2C 在線零售企業中的中高層管理者。共發放問卷 400 份，回收有效問卷 316 份，有效回收率為 79%。其中，年在線銷售收入在 1,000 萬元以上的在線零售商占比為 60.8%；商品製造商、經營著離線商店的零售商、沒有離線商店的虛擬零售企業三類在線零售商占比分別為 30.1%、23.1% 和 46.8%。

## 5.4 數據分析與假設檢驗

### 5.4.1 信度與效度分析

表 5-1 顯示，各潛變量的 Cronbach's Alpha 值為 0.713~0.814，超過了 0.70 的門檻值。這表明，變量測量有較高的信度。隨後，使用 AMOS18.0 進行驗證性因子分析，結果表明各觀測變量在對應潛變量上的標準化載荷係數超過 0.6（≥0.606），並在 p<0.001 的水平上顯著，說明變量測量有好的收斂效度。對判別效度的檢驗如表 5-2 所示。每個潛在變量的 AVE 均方根均大於該變量與其他變量的相關係數，表明各變量之間具有較好的判別效度。

表 5-1　　　　　　　　信度和收斂效度分析結果

| 潛變量 | 測項 | 標準化載荷 | Alpha | 潛變量 | 測項 | 標準化載荷 | Alpha |
|---|---|---|---|---|---|---|---|
| 信息不對稱 | 促銷信息不真實<br>價格體系不透明<br>虛假商業信息<br>對買方的誤導<br>銷售假冒偽劣產品 | 0.805***<br>0.787***<br>0.662***<br>0.719***<br>0.743*** | 0.732 | 員工-顧客關係質量 | 滿意<br>承諾<br>信任<br>溝通 | 0.726***<br>0.745***<br>0.671***<br>0.703*** | 0.751 |
| 制度壓力 | 網購政策法規建設<br>網購市場監管<br>執法力度 | 0.766***<br>0.828***<br>0.793*** | 0.775 | 組織道德氛圍 | 員工工作倫理<br>道德強度知覺<br>組織道德文化<br>組織倫理價值觀<br>企業倫理制度 | 0.722***<br>0.748***<br>0.673***<br>0.658***<br>0.701*** | 0.713 |
| 消費者自我保護 | 不良營銷行為鑑別力<br>道德責任感<br>法治觀念<br>消費者權益保護知識 | 0.686***<br>0.781***<br>0.754***<br>0.718*** | 0.802 | 道德性營銷決策 | 隱私保護<br>安全<br>誠信<br>公平競爭<br>社會責任 | 0.704***<br>0.811***<br>0.755***<br>0.688***<br>0.746*** | 0.813 |
| 網購技術環境 | 網路安全技術<br>網路支付技術<br>網路信用工具 | 0.733***<br>0.785***<br>0.674*** | 0.814 | 營銷績效 | 銷售額<br>利潤率<br>顧客滿意度<br>品牌形象<br>營銷創新 | 0.753***<br>0.747***<br>0.703***<br>0.725***<br>0.662*** | 0.726 |
| 倫理型領導 | 道德哲學<br>道德認同<br>道德管理<br>職場非倫理行為 | 0.659***<br>0.743***<br>0.782***<br>0.731*** | 0.766 | | | | |

註：*** 代表 p<0.001。

表 5-2　　　　　　　　　　判別效度分析

| 潛變量 | 1 | 2 | 3 | 4 | 5 | 6 | 7 | 8 | 9 |
|---|---|---|---|---|---|---|---|---|---|
| 信息不對稱 | 0.750[b] | | | | | | | | |
| 制度壓力 | 0.278 | 0.796[b] | | | | | | | |
| 消費者自我保護 | 0.326 | 0.252 | 0.736[b] | | | | | | |
| 網購技術環境 | 0.121 | 0.266 | 0.337 | 0.732[b] | | | | | |
| 倫理型領導 | 0.246 | 0.428 | 0.153 | 0.418 | 0.730[b] | | | | |
| 員工-顧客關係質量 | 0.365 | 0.357 | 0.235 | 0.522 | 0.535 | 0.712[b] | | | |
| 組織道德氛圍 | 0.286 | 0.475 | 0.341 | 0.436 | 0.433 | 0.485 | 0.701[b] | | |
| 道德性營銷決策 | 0.336 | 0.329 | 0.238 | 0.353 | 0.291 | 0.544 | 0.572 | 0.742[b] | |
| 營銷績效 | 0.126 | 0.198 | 0.242 | 0.293 | 0.278 | 0.216 | 0.348 | 0.576 | 0.719[b] |

註：b 表示 AVE 的均方根。

### 5.4.2　迴歸分析

（1）在線零售商道德性營銷決策影響因素迴歸分析

將在線零售商道德性營銷決策作為因變量，其影響因素作為自變量納入迴歸模型中進行計算。結果顯示（見表 5-3），各變量間的共線性問題並不嚴重。在對在線零售商道德性營銷決策的影響中，市場信息不對稱在 Sig 值<0.05 的水平下不顯著，制度壓力、消費者自我保護、網購技術環境、倫理型領導、員工-顧客關係質量、組織道德氛圍在 Sig 值<0.05 的水平下顯著。因此，H5-1 沒得到支持，而 H5-2、H5-3、H5-4、H5-5、H5-6 和 H5-7 得到支持。由此可知，影響在線零售商道德性營銷決策的因素受到企業外部因素和內在因素的雙重作用。根據路徑系數，制度壓力、組織道德氛圍對在線零售商道德性營銷決策的影響更大，接來下依次是網購技術環境、倫理型領導、員工-顧客關係質量、消費者自我保護。至於 H5-1 沒有得到驗證的原因可能的解釋是，在網路購物環境下更容易進行價格等信息對比，並且網路零售商提供了諸多交易擔保、貨到付款和支付仲介擔保（如支付寶）等策略。這在一定程度上降低了網路購物中的信息不對稱現象，從而弱化了市場信息不對稱對營銷道德行為的影響。

表 5-3　在線零售商道德性營銷決策及其影響因素間的迴歸結果

| 模型 | 非標準化系數 | 標準誤 | 標準化系數 | Sig. | 容忍度 | 方差膨脹因子 | $R^2$ | 調整$R^2$ | F | Sig. |
|---|---|---|---|---|---|---|---|---|---|---|
| 常數 | -0.198 | 0.243 |  | 0.398 |  |  | 0.645 | 0.637 | 79.807 | 0.000 |
| 信息不對稱 | 0.025 | 0.040 | 0.030 | 0.541 | 0.487 | 2.051 |  |  |  |  |
| 制度壓力 | 0.355 | 0.050 | 0.338 | 0.000 | 0.508 | 1.970 |  |  |  |  |
| 消費者自我保護 | 0.097 | 0.038 | 0.123 | 0.012 | 0.493 | 2.027 |  |  |  |  |
| 網購技術環境 | 0.121 | 0.041 | 0.140 | 0.003 | 0.510 | 1.961 |  |  |  |  |
| 倫理型領導 | 0.120 | 0.040 | 0.121 | 0.003 | 0.712 | 1.404 |  |  |  |  |
| 員工-顧客關係質量 | 0.104 | 0.046 | 0.111 | 0.026 | 0.473 | 2.115 |  |  |  |  |
| 組織道德氛圍 | 0.244 | 0.043 | 0.226 | 0.000 | 0.717 | 1.395 |  |  |  |  |

（2）在線零售商道德性營銷決策對營銷道德治理績效的迴歸分析

將在線零售商營銷績效作為因變量，在線零售商道德性營銷決策作為自變量納入迴歸模型中計算。結果顯示（見表 5-4），各變量間共線性不嚴重。標準化迴歸系數為 0.569，且在 Sig 值 = 0.000 的水平上高度顯著，H5-8 得到了實證支持。即在線零售商道德性營銷決策越高，自主創新績效也越高。

表 5-4　在線零售商道德性營銷決策與營銷績效的迴歸結果

| 模型 | 非標準化系數 | 標準誤 | 標準化系數 | Sig. | 容忍度 | 方差膨脹因子 | $R^2$ | 調整$R^2$ | F | Sig. |
|---|---|---|---|---|---|---|---|---|---|---|
| 常數 | 2.373 | 0.231 |  | 0.000 |  |  | 0.324 | 0.322 | 150.154 | 0.000 |
| 在線零售商道德性營銷決策 | 0.555 | 0.045 | 0.569 | 0.000 | 1.000 | 1.000 |  |  |  |  |

### 5.4.3　調節效應分析

為檢驗 B2C 在線零售商特徵的調節作用，本研究按類型將 B2C 在線零售商分為商品製造商、經營著離線商店的零售商、沒有離線商店的虛擬零售商三類，按規模將在線零售商分為中小型在線零售商和大型在線零售商兩類。以在線零售商道德性營銷決策作為因變量，以其影響因素作為自變量進行分組迴歸分析，分別得到商品製造商（$n_1 = 95$）、經營著離線商店的零售商（$n_2 = 73$）、沒有離線商店的虛擬零售商（$n_3 = 148$）組別下的在線零售商道德性營銷決策迴歸系數以及中小型在線零售商（$n_4 = 124$）、大型在線零售商（$n_5 = 192$）組別下的自主創新能力迴歸系數，分析結果見表 5-5。

表 5-5 分組迴歸分析結果

| 模型 | B2C 在線零售商類型 ||||||  B2C 在線零售商規模 ||||
|---|---|---|---|---|---|---|---|---|---|---|
|  | 商品製造商 || 經營著離線商店的零售商 || 沒有離線商店的虛擬零售商 || 中小型在線零售商 || 大型在線零售商 ||
|  | 標準化系數(β) | Sig. | 標準化系數(β) | Sig. | 標準化系數(β) | Sig. | 標準化系數(β) | Sig. | 標準化系數(β) | Sig. |
| 信息不對稱 | -0.018 | 0.864 | 0.075 | 0.622 | 0.021 | 0.893 | 0.086 | 0.357 | 0.036 | 0.767 |
| 制度壓力 | 0.011 | 0.893 | 0.278 | 0.006 | 0.412 | 0.000 | 0.312 | 0.000 | 0.464 | 0.000 |
| 消費者自我保護 | -0.108 | 0.177 | 0.118 | 0.021 | 0.264 | 0.000 | 0.055 | 0.682 | -0.058 | 0.395 |
| 網購技術環境 | -0.076 | 0.265 | 0.044 | 0.731 | -0.033 | 0.618 | 0.112 | 0.047 | 0.175 | 0.000 |
| 倫理型領導 | 0.061 | 0.323 | 0.122 | 0.026 | 0.167 | 0.004 | 0.081 | 0.334 | 0.136 | 0.002 |
| 員工-顧客關係質量 | 0.037 | 0.548 | 0.088 | 0.336 | 0.114 | 0.029 | -0.093 | 0.226 | 0.168 | 0.000 |
| 組織道德氛圍 | 0.111 | 0.044 | 0.146 | 0.008 | 0.302 | 0.000 | 0.144 | 0.006 | 0.242 | 0.000 |

結果顯示，相比商品製造商和經營著離線商店的零售商，制度壓力、消費者自我保護、倫理型領導、員工-顧客關係質量、組織道德氛圍對沒有離線商店的虛擬零售商道德性營銷決策的影響更大。相比中小型在線零售商，制度壓力、網購技術環境、倫理型領導、員工-顧客關係質量、組織道德氛圍對大型在線零售商道德性營銷決策的影響更大。可見，影響在線零售商道德性營銷決策的部分因素會因在線零售商特徵的不同而有差異。至於該調節作用是否顯著，將通過 Chow test 進行檢驗。根據公式，首先對不同類型在線零售商道德性營銷決策及其影響因素的迴歸模型計算 Chow test 結果：

$F_{12} = [(SSE_{12}-SSE_1-SSE_2)/(m+1)]/[(SSE_1+SSE_2)/(n_1+n_2-2m-2)] = 1.717 < F_{0.05}(8, 152)$

$F_{13} = [(SSE_{13}-SSE_1-SSE_3)/(m+1)]/[(SSE_1+SSE_3)/(n_1+n_3-2m-2)] = 5.188 > F_{0.05}(8, 227)$

$F_{23} = [(SSE_{23}-SSE_2-SSE_3)/(m+1)]/[(SSE_2+SSE_3)/(n_2+n_3-2m-2)] = 3.549 > F_{0.05}(8, 205)$

其次對不同規模在線零售商道德性營銷決策的影響因素迴歸模型計算 Chow test 結果：

$F_{45} = [(SSE_{45}-SSE_4-SSE_5)/(m+1)]/[(SSE_4+SSE_5)/(n_4+n_5-2m-2)] = 4.727 > F_{0.05}(8, 300)$

根據 Chow test 結果，在線零售商道德性營銷決策及其部分影響因素的迴歸系數在商品製造商和經營著離線商店的零售商之間沒有顯著差異，而在商品製造商和沒有離線商店的虛擬零售商、經營著離線商店的零售商和沒有離線商店的虛擬零售商之間有顯著差異，同時也在中小型和大型在線零售商之間有顯

著差異，即在線零售商類型和規模對在線零售商道德性營銷決策及其影響因素的關係有部分調節作用。因此，H5-9 和 H5-11 均得到部分支持。

接著，又以在線零售商營銷績效為因變量，以在線零售商道德性營銷決策為自變量進行分組迴歸分析，得到不同類型在線零售商組別下迴歸系數以及不同規模在線零售商組別下的迴歸系數，結果見表 5-6。

表 5-6  分組迴歸分析結果

| 模型 | B2C 在線零售商類型 ||||||  B2C 在線零售商規模 ||||
|---|---|---|---|---|---|---|---|---|---|---|
| | 商品製造商 || 經營著離線商店的零售商 || 沒有離線商店的虛擬零售商 || 中小型在線零售商 || 大型在線零售商 ||
| | 標準化系數($\beta$) | Sig. | 標準化系數($\beta$) | Sig. | 標準化系數($\beta$) | Sig. | 標準化系數($\beta$) | Sig. | 標準化系數($\beta$) | Sig. |
| 在線零售商道德性營銷決策 | 0.373 | 0.000 | 0.428 | 0.000 | 0.622 | 0.000 | 0.328 | 0.000 | 0.655 | 0.000 |

結果顯示，相比商品製造商和經營著離線商店的零售商，沒有離線商店的虛擬零售商道德性營銷決策對其營銷績效的影響程度更高。相比中小型在線零售商，大型在線零售商道德性營銷決策對其營銷績效的影響程度更高。可見，在線零售商道德性營銷決策對營銷績效的影響因在線零售商特徵的不同有所差異。至於該調節作用是否有統計顯著性，將通過 Chow test 進行檢驗。首先針對不同類型在線零售商道德性營銷決策對營銷績效的迴歸模型計算 Chow test 結果：

$F_{12} = [(SSE_{12} - SSE_1 - SSE_2) / (m+1)] / [(SSE_1 + SSE_2) / (n_1 + n_2 - 2m - 2)] = 2.159 < F_{0.05}(2, 164)$

$F_{13} = [(SSE_{13} - SSE_1 - SSE_3) / (m+1)] / [(SSE_1 + SSE_3) / (n_1 + n_3 - 2m - 2)] = 7.636 > F_{0.05}(2, 239)$

$F_{23} = [(SSE_{23} - SSE_2 - SSE_3) / (m+1)] / [(SSE_2 + SSE_3) / (n_2 + n_3 - 2m - 2)] = 5.918 > F_{0.05}(2, 217)$

其次對不同規模在線零售商道德性營銷決策與營銷績效的迴歸模型計算 Chow test 結果：

$F_{45} = [(SSE_{45} - SSE_4 - SSE_5) / (m+1)] / [(SSE_4 + SSE_5) / (n_4 + n_5 - 2m - 2)] = 3.366 > F_{0.05}(2, 312)$

根據 Chow test 結果，在線零售商道德性營銷決策與營銷績效的迴歸系數在商品製造商、經營著離線商店的零售商之間沒有顯著差異，而在商品製造商和沒有離線商店的虛擬零售商、經營著離線商店的零售商和沒有離線商店的虛擬零售商之間有顯著差異，即在線零售商類型對在線零售商道德性營銷決策與

營銷績效的關係有部分調節作用。相比商品製造商和經營著離線商店的零售商，提高道德性營銷決策水平越高，更加有利於改善沒有離線商店的虛擬零售商的營銷績效。因此，H5-10 得到部分支持。另外，在線零售商道德性營銷決策與營銷績效的迴歸系數在中小型和大型在線零售商之間有顯著差異，即在線零售商規模的調節作用得到證實。相比小型在線零售商，提高道德性營銷決策水平越高，更有利於改善大型在線零售商的營銷績效。因此，H5-12 得到支持。

## 5.5 結論與討論

### 5.5.1 研究結論

本研究通過文獻回顧和訪談，構建了在線零售商道德性營銷決策的前因、后果及其調節機制模型，並通過 B2C 在線零售商的問卷調查數據進行了實證分析。結果表明，制度壓力、消費者自我保護、網購技術環境、倫理型領導、員工-顧客關係質量、組織道德氛圍對在線零售商道德性營銷決策有積極影響，其中，制度壓力、組織道德氛圍的影響更大。同時，在線零售商道德性營銷決策對營銷績效有顯著積極影響。另外，在線零售商特徵的調節作用也得到一定程度的支持。相比商品製造商和經營著離線商店的零售商，制度壓力、消費者自我保護、倫理型領導、員工-顧客關係質量、組織道德氛圍對沒有離線商店的虛擬零售商道德性營銷決策的影響更大，沒有離線商店的虛擬零售商道德性營銷決策對其營銷績效的影響程度也更高。相比中小型在線零售商，制度壓力、網購技術環境、倫理型領導、員工-顧客關係質量、組織道德氛圍對大型在線零售商道德性營銷決策的影響更大，大型在線零售商道德性營銷決策對其營銷績效的影響程度更高。本研究不僅有一定理論意義，也為中國在線零售商營銷道德的治理和改善提供了重要啟示。

### 5.5.2 管理建議

對於在線零售商道德性營銷決策的驅動機制構建而言，應充分發揮政府、在線零售商、消費者三方的作用。政府應加強網路零售商業市場的立法和執法水平，不斷完善互聯網營銷的制度環境，通過完善相關法規和監管政策，引導和約束在線零售商的營銷行為，通過制度環境的優化使在線零售商為違法違德營銷行為付出代價和損失。在線零售商應加強培養倫理型領導，提升相關領導

者和管理者的職業倫理行為及道德認同度，不斷加強組織內部的道德管理。領導者建立和維持道德規範標準，以身作則展示其倫理型領導行為，有助於形成先進的道德營銷哲學和經營理念。在線零售商內部通過加強組織倫理制度和倫理價值觀的建設，不斷提高組織成員對道德強度的知覺水平以及良好的員工工作倫理，並形成一流的組織道德文化。同時，在線零售企業的員工通過加強專業知識和業務能力的培訓以及灌輸先進的營銷理念和倫理意識，從而在與客戶的在線接觸和交易中，展現出更多的滿意、承諾、信任與溝通水平，通過形成高質量員工-顧客關係紐帶，為道德性營銷決策創造良好的條件。網購技術設施是在線零售商開展道德營銷的客觀保障，因此，在線零售商必須重視網路安全技術、網路支付技術和網路信用工具的研發，減少因技術落後和失誤造成的違德營銷行為。對於消費者而言，應加強在線購物過程中的自我保護，不斷提高對不良在線營銷行為的鑑別力，養成一定的法治觀念和道德責任感，掌握一定的消費者權益保護知識應對可能發生的在線零售商違法和違德營銷行為。另外，應註重在線零售商道德性營銷決策的前因及效應在不同類型在線零售商之間的差異，積極改善商品製造商、經營著離線商店的零售商以及中小型在線零售商的道德營銷決策外部環境和內部條件，加強營銷道德決策水平，提高對消費者的隱私保護和安全購物等級，誠信待客，堅持公平競爭，勇於承擔社會責任，從而提高營銷績效。

### 5.5.3 研究局限和進一步研究方向

本研究仍存在一些局限。首先，本研究是基於 B2C 在線零售商所做的調查分析，樣本代表性會受限。同時，本研究所使用的是截面數據，難以反應在線零售商道德性營銷決策影響因素及其績效關係隨時間轉移如何變化。因此，未來研究應繼續擴大樣本的範圍和數量，比如調查 B2B、C2C 在線零售商，並應採取縱貫數據分析在線零售商道德性營銷決策影響因素作用效果的動態變化機制。其次，在線零售商道德性營銷決策的影響因素和調節因素可能不全面。因此，未來的研究應考慮納入更多的影響因素和調節因素，並且對這些影響因素之間的交互作用機制也需要做出進一步的探討。

# 6 在線零售商營銷道德行為的消費者回應機理——理論模型與實證檢驗

作為在線零售商的核心利益相關者，消費者才是評價在線零售商營銷行為是否符合道德規範的決定性市場力量。因此，在制定道德營銷決策時，在線零售商應該充分考慮消費者對企業營銷道德活動的總體評價和回應。本章主要通過文獻回顧和理論分析構建在線零售商營銷道德行為與消費者回應關係的研究模型，並基於消費者問卷調查數據，採取結構方程建模法進行實證分析，從而為在線零售商營銷道德治理提供管理建議。

## 6.1 問題的提出

消費者是商業活動中的主要參與者，如果在企業營銷道德的研究中不考慮消費者的觀點，對營銷道德的瞭解將不夠完整（Al-Khatib, 2005）。作為在線零售企業的核心利益相關者之一，消費者的道德意識和社會責任感正在不斷提升，消費者對在線零售商營銷道德行為的積極回應有助於推動在線零售商採取對社會負責任的態度和行為，將營銷道德和社會責任行為納入企業的戰略範疇，構建企業與社會互依互哺的良性關係，形成可持續的長遠發展格局。儘管有關企業營銷道德議題的理論文獻已發展得相當豐富，可是從文獻回顧看，多數研究都集中在賣方道德方面，而從消費者（買方）的角度出發探討企業營銷道德議題的研究卻相對欠缺（Vitell, 2003）。大部分研究仍基於生產者視角來探討消費者的道德回應問題。雖然推動公司的道德責任行為已經變得越來越重要，但是對於消費者而言，真的也如此重要嗎？也就是說，這種對企業道德行為的關注真的在市場上可以發揮作用嗎？然而，大部分研究只是分析了生產者本身的道德判斷，而忽視了消費者對於道德事項的考慮。消費者是評價企業營銷行為是否符合道德規範並抵制營銷道德失範行為的重要市場力量，除了

「用鈔票投票」外，還可以組成「壓力集團」，促進相關法律的制定和維權（Folkes and Kamins，1999）。從這個角度看，在線零售商在制定道德營銷決策時，應該充分考慮消費者對企業營銷道德活動的總體評價和認可。

目前，關於在線零售商道德營銷行為與消費者回應關係的研究還沒有定論。現有文獻主要聚焦於在線零售商營銷道德對消費者行為變量的影響方面，如消費者態度、消費者滿意、信任、忠誠、口碑和購買意願（Limbu et al.，2011，2012；Roman，2010；Yang et al.，2009；Arjoon et al，2011；Roman et al.，2008；Adam et al.，2007）。但這些研究對在線零售商營銷道德行為的消費者回應機理的揭示並不充分，尤其是消費者如何對在線零售商營銷道德行為進行回應及其深層次原因，這種回應又如何體現在消費者在線購買意願的變化上，以及不同類型消費者對在線零售商營銷道德行為的回應有何差異等問題並沒有得到充分解釋。而且這些研究普遍缺乏對中國 B2C 情境下在線零售商營銷道德行為的消費者回應進行針對性和本土化研究。文化被視為影響道德決策的最重要因素（Ferrell and Gresham，1985；Ferrell et al.，1989）。中國作為全球重要的在線零售市場，有著與西方完全不同的文化特徵，決定了中國 B2C 情境下在線零售商營銷道德行為的消費者回應有不同表現。這還需要深入探討和總結規律。在過去的研究中，有一些研究涉及消費者倫理回應的影響因素，如 Ellen 等（2006）試圖基於倫理營銷的歸因視角探討消費者倫理回應問題，Creyer 和 Ross（1997）基於社會期望理論探討了消費者預期對其倫理回應的影響。但這些研究只是將影響因素片面地歸結於某一方面，如消費者的倫理動因推斷或消費者社會期望等，並且研究情境也僅局限於實體企業中，缺乏對在線零售情境的實證分析。事實上，消費者對在線零售商營銷道德行為的回應受到一系列因素的綜合影響，因此有必要發展一個消費者對在線零售商營銷道德行為產生回應的綜合性框架，旨在更深刻地描述消費者對在線零售商營銷道德行為的回應過程與機制。因此，借鑑相關理論，進一步理清在線零售商營銷道德行為的消費者回應機理是值得深入探討的方向。本章試圖在這一方面做出重要貢獻，重點考察消費者視角下的在線零售商營銷道德行為。即在線零售商以道德方式實施營銷活動真的對消費者來說很重要嗎？在線零售商的營銷道德行為將會影響到消費者購買行為嗎？消費者是否真正關注在線零售商的營銷道德問題？他們到底是如何評價與回應在線零售商營銷道德行為的？形成在線零售商營銷道德行為的消費者回應結果背後的深層次原因是什麼？不同類型消費者對在線零售商營銷道德行為的回應有何差異？在線零售商只有瞭解了這些關鍵問題和事實，才能在開展營銷道德活動中更有主動性，並能更有針對性地實施道

德營銷戰略，從而淡化短期價格和促銷競爭，建立具有道德責任感的品牌形象，獲取長期、穩定的競爭優勢。

本章的內容結構安排如下：首先，回顧在線零售商營銷道德領域的相關研究，以及它與消費者回應行為之間的關聯性，並構建相應的概念模型和發展系列研究假設；其次，運用訪談法和文獻法開發出概念模型的測量量表，並設計調查問卷和開展面向消費者的調查；最後，運用結構方程模型法對概念模型和假設進行實證檢驗，對研究結果進行討論，提出一些重要的建議，並對本研究的局限性以及進一步研究方向進行探討。

## 6.2 理論背景、概念模型及假設

### 6.2.1 在線零售商營銷道德的測量、前因及結果研究

在線零售商營銷道德（Online Retailer Ethics，ORE）是消費者對購物網站誠信和責任的感知，通過與消費者進行安全、公正、誠實的交易，保護消費者利益。它反應了在線零售商營銷活動符合道德規範的程度，實質是解決在線零售商如何承擔好道德責任和社會責任，杜絕損害消費者和社會利益的營銷行為。迄今，相關研究集中在以下三個方面：

（1）在線零售商營銷道德的結構與測量。消費者是零售商在營銷決策時必須考慮的最重要的利益相關者，從消費者視角分析在線零售商營銷道德內涵和結構的相關研究得到了關注。國外具有代表性的研究有：Miyazaki 等（2001）認為，在線消費者對隱私保護、系統安全性、詐欺行為很敏感；Ranganathan 等（2002）發現，消費者比較關注網站所提供的信息內容、網站設計、安全性和隱私權；Bush 等（2000）的研究認為，美國在線消費者從網上交易安全性、詐欺、隱私保護、信息真實性四個方面評價購物網站的營銷道德；Roman（2007）的研究表明，安全性、隱私保護、無欺騙性、合同履行/可靠性會影響西班牙在線消費者對零售網站的道德水平的認知。從國外研究看，隱私和安全（Bush et al.，2000；Miyazaki et al.，2001；Singh et al.，2003）是在線購物時最為擔心的道德問題。國內的閻俊和陳麗瑞（2008）通過實證研究發現，中國消費者從交易結果可靠性、交易過程安全性、促銷誠信性、競爭公平性、廣告適度性五個方面評價 B2C 網站營銷道德。蔣侃（2012）則通過文獻研究將在線零售商營銷道德歸納為交易過程安全性、隱私保護、交易可靠性、公平、非欺騙性。可見，判斷在線零售商的營銷行為是否合乎道德，並

沒形成統一的準則。本研究認為在線零售商營銷道德行為不僅應反應隱私保護、安全、誠信、公平競爭等方面的基本道德要求，而且應擴展到社會責任等高級道德行為層面，因為它們共同構成了在線零售商營銷道德內容體系。

（2）消費者特徵對在線零售商營銷道德的作用機理。研究表明，當消費者介入越低，詐欺的影響更大（Mitra et al.，2008）。Roman 和 Guestars（2008）分析了消費者網路專長對在線零售商道德感知的影響。Shergill 等（2005）發現，不同類型在線購買者對網站安全/隱私的評價類似。Yang 等（2009）研究表明，宗教信仰和性別與網站道德績效顯著相關。但上述研究並沒全面、清晰地解讀出不同類型消費者感知的在線零售商營銷道德差異。

（3）在線零售商營銷道德對消費者行為的影響。研究表明，購物網站道德績效對消費者信任有影響，在線零售商詐欺行為對消費者滿意和忠誠意圖有消極影響，並且產品類型、消費者態度和人口統計特徵有調節作用。Limbu 等（2011）檢驗了在線零售商道德對消費者滿意和忠誠的影響，Arjoon 等（2011）證實在線零售商道德與消費者忠誠呈正向關係。研究還發現，在線零售商道德不僅對口碑有積極影響，還通過企業道德識別和消費者-企業認同對口碑有間接影響。隱私和安全影響消費者在線購買意願（Adam et al.，2007）。Limbu 等（2012）證實消費者態度和信任仲介感知道德對行為意願的影響。但這些研究對在線零售商營銷道德行為的消費者回應的源頭、過程和結果的解釋還不全面和深入。

### 6.2.2　在線零售商營銷道德行為與消費者回應

（1）在線零售商營銷道德行為的消費者回應概念模型

消費者回應是從感知到評價，到最后形成購買意識、採取購買行為的複雜消費心理和行為反應過程。消費者回應不僅包括對外部刺激進行感官上的編碼，還包括根據個人情況產生多感覺的想像（Hirschman and Holbrook，1982）。消費者對企業社會責任的回應，Bhattacharya 和 Sen（2004）的研究認為可分為兩種，即內部回應（包括消費者對企業參與社會責任活動的認知、態度和歸因）和外部回應（包括購買行為和忠誠度）。借鑑現有觀點，本研究將消費者回應也分為內部回應和外部回應，其中內部回應能促進外部回應。消費者對在線零售商營銷道德行為的回應是從知曉到感知到評價，到最后形成購買意識、採取購買行為的複雜過程，消費者對在線零售商營銷道德行為會做出一系列內部回應和外部回應。其中，消費者會產生對在線零售商營銷道德活動的感知和評價，即對在線零售商營銷道德績效的感知和評價。這是消費者對在線零售商

營銷道德行為回應的核心。那麼，是什麼因素導致消費者對在線零售商營銷道德的感知績效進行評價，反應了消費者回應啟動的原因。它構成了消費者對在線零售商營銷道德行為產生回應過程的來源（或內部回應）。本研究試圖探討在線零售商營銷道德行為的消費者回應是否存在及其前置因素與后果影響。具體要回答下述問題：什麼因素誘發了消費者對在線零售商營銷道德行為的感知績效？在線零售商營銷道德行為是否影響消費者的在線購買意願？為了解釋這些複雜的關係和機制，本研究將引入歸因理論、期望理論、線索利用理論、消費者倫理意識等理論基礎進行剖析。

歸因理論可解釋消費者對在線零售商營銷道德行為表現原因的推論過程。根據歸因理論，消費者會根據在線零售商承擔和履行營銷道德的行為去歸因其動機，從而判斷在線零售商是出自於利他動機還是利己動機。在線零售商營銷道德行為會由於消費者的歸因認知差異而產生不同影響。當消費者感知在線零售商是出於利己動機去承擔營銷道德，其道德績效感知可能會降低，從而影響購買態度和行為。現有研究也具體表明，消費者感知其從事社會責任的動機對消費者行為有重要作用。Ellen 等（2006）研究發現企業從事社會責任的動機有三種，即以他人為中心、以自我為中心、共贏。消費者認為以他人為中心從事社會責任的企業是有道德的，企業把從事社會責任作為企業應當承擔的責任，是一種義務；以自我為中心的企業，消費者認為其從事社會責任具有戰略目的，如為了營利。企業以他人為中心承擔社會責任，消費者會給予積極回應，企業以利己為中心承擔社會責任，消費者會給予消極回應（Ellen et al., 2006; Vlachos et al., 2009）。Ellen 等（2006）試圖基於倫理營銷的歸因視角探討消費者倫理回應問題，認為如果消費者認為企業的社會責任活動是戰略導向與價值導向時，會對該活動持積極的態度；反之，如果消費者認為企業是從自身利益的角度或者利益相關者的角度出發進行倫理營銷的，則會對該活動及主辦企業產生消極態度。消費者歸因直接影響對在線零售商營銷道德行為的感知績效，進而影響到消費者行為。

目前大部分關於企業社會責任與消費者行為的研究存在一個問題，即事先假設或者人工設定了消費者對企業社會責任的感知。事實上，消費者對企業社會責任的感知水平很低（Pomering and Dolnicar, 2009; Sen et al., 2006）。只有當消費者知曉企業參與的社會責任活動，才能對企業社會責任產生積極回應，增加對品牌的認知，產生更好的品牌聯想。因此，企業加強與消費者的溝通，讓消費者知曉企業的營銷道德行為十分必要。它能有效提高消費者對在線零售商營銷道德實際績效的準確感知。網路店鋪印象作為消費者對在線零售網

站設計、訂單履行和交易服務、溝通、便利性、商品、安全/保密性、促銷等要素的認知和印象，對消費者的購買意願有重要影響效應。消費者在購買產品之前通常會搜尋各種高質量的信息，因此，網站形象也是消費者網路購物時參考的一個重要因素（吳秋琴等，2012）。在一定程度上，網路店鋪形象反應了在線零售商履行道德責任的一些信息，從而增加了消費者對在線零售商營銷道德活動的知曉程度。Page 和 Elzbieta（2002）認為網站對人們的回應程度會在一定程度上影響消費者的網路購物體驗。根據線索利用理論（Cox，1962；Olson 和 Jacoby，1972），可以推斷消費者對在線零售商營銷道德水平不知曉和不熟悉時，會將網路店鋪印象作為重要線索和信息來判斷在線零售商的服務質量和道德價值。研究又表明，消費者道德感知取決於產品標準和他們的個人價值體系（Hiller，2010），倫理意識在消費者道德感知中起著重要作用（Winter et al.，2004）。因此，消費者倫理意識對在線零售商營銷道德行為的感知績效和期望有重要意義。

此外，根據期望理論，消費者對在線零售商營銷道德行為的回應程度受到在線零售商營銷道德行為的感知績效和期望之間差距的影響。期望理論認為，消費者在評價產品、服務和企業時，會將他們的期望與主觀判斷的產品、服務和企業的表現進行私下的比較。根據 Oliver（1980）提出的「期望一致性」模型，滿意經由消費者感知的產品績效與他們的期望比較后產生。當感知績效超過消費者的期望（正向的不一致），消費者產生滿意；當感知績效低於消費者的期望（負向的不一致），消費者產生不滿意。Creyer 和 Ross（1997）基於社會期望理論探討了消費者預期對其倫理回應的影響，認為消費者可能針對特定企業期望特定的倫理水平，如果倫理的可感知水平沒有滿足或超過預期，則不滿意就會產生。消費者對企業社會責任行為的滿意很大程度受其感知的企業社會責任績效和期望的企業社會責任間差距影響。由此可見，消費者對在線零售商營銷道德行為的期望一方面影響了消費者對在線零售商營銷道德行為的感知績效；另一方面影響了期望的一致性，並且期望一致性會強化消費者對在線零售商營銷道德的滿意感以及在線購買意願。但這些機制還缺乏實證的支持。

綜上所述，現有文獻關於消費者回應的研究主要聚焦於實體企業的社會責任和倫理行為，而有關消費者對在線零售商營銷道德行為回應背後的深層次影響因素及作用機制還缺乏系統、深入的分析。多數研究只將影響消費者對社會責任和倫理的回應的因素片面地歸結為某一個方面，而忽略了消費者的倫理回應受到一系列因素的綜合影響。並且這些因素對消費者感知的在線零售商營銷道德行為是否具有有效性需要進一步探討。因此，有必要發展一個消費者對在

線零售商營銷道德回應的綜合性理論框架，從而對在線零售商營銷道德行為的消費者回應過程和機制進行更深刻的分析。根據消費者回應過程及其相關理論基礎，本研究認為消費者對在線零售商營銷道德行為的績效感知（ORE 感知績效）是在線零售商營銷道德行為的消費者回應的核心變量；消費者對在線零售商營銷道德行為的歸因（感知動機）、消費者對在線零售商營銷道德行為的期望（ORE 期望）、消費者倫理意識以及消費者的網路店鋪印象構成了消費者對在線零售商營銷道德行為的內部回應；而由消費者對在線零售商營銷道德行為的績效感知導致的期望一致性、在線零售商營銷道德行為的滿意度（ORE 滿意感）以及在線購買意願構成了消費者對在線零售商營銷道德行為的外部回應。只有當消費者對在線零售商營銷道德行為產生了積極的內部回應後，才會轉化為積極的外部回應。因此，根據消費者內部回應和外部回應的關係，本研究構建出在線零售商營銷道德行為的消費者回應模型，詳見圖 6-1。

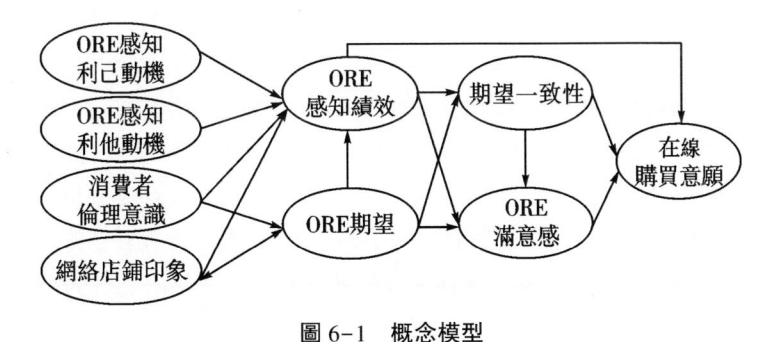

圖 6-1　概念模型

（2）在線零售商營銷道德行為的感知績效與期望及其後果

感知績效與期望是期望一致性的兩個前導變量。ORE 感知績效是消費者對在線零售商營銷道德行為表現水平的認知。期望也是企業社會責任和企業營銷的一個重要變量（Podnar, 2007）。它是對所期待事物的信念，在眾多類型的決策中扮演重要角色。根據期望一致性模型，當感知績效越高，超過期望時，即產生正的期望一致性；當感知績效越低，低於期望時，即產生負的期望一致性（Spreng and Scott, 1996）。並且，滿意通過消費者感知績效與其期望的比較產生。當感知績效低於期望，消費者不滿意；當感知績效超過期望，消費者滿意。研究也表明，消費者對企業社會責任的感知績效會影響消費者的滿意（Luo and Bhattacharya, 2006）；社會責任記錄良好的企業也會獲得消費者的積極評價（Sen & Bhattacharya, 2001; Brown and Dacin, 1997），企業社會責任水平越高，企業評價越高，消費者購買意願越強（Mohr et al., 2005）。可見，

消費者對在線零售商營銷道德行為的感知績效影響到消費者對在線零售商營銷道德行為的滿意感以及購買行為。綜上所述，本研究提出如下假設：

H6-1：消費者對 ORE 的感知績效越高，期望一致性越高。

H6-2：消費者對 ORE 的感知績效越高，ORE 滿意感越高。

H6-3：消費者對 ORE 的感知績效越高，在線購買意願越高。

消費者對在線零售商營銷道德行為的期望是消費者估計企業是否承擔營銷道德責任和承擔多少營銷道德責任的可能性。根據社會判斷理論，人們對事物的感知會受期望的同化，期望會影響消費者對在線零售商營銷道德責任的感知。社會判斷理論指出，信念會扭曲人們的感知，當結果不明確時，這種信念扭曲感知的效果最強（Sherif and Hovland, 1961）。因此，消費者對在線零售商營銷道德行為的期望通過信念扭曲作用會增加消費者對其績效的感知程度。由於期望一致性是感知績效與期望之間的差距，因此，學界認為期望與期望一致性之間存在負向關係，即期望越高，期望一致性越可能為負，期望越低，期望一致性越可能為正（Yi, 1990）。ORE 期望對在線零售商的評價會產生兩種相反的效應，消費者對 ORE 的期望一方面強化了其對在線零售商營銷道德行為的感知績效，另一方面又擴大了消費者期望與 ORE 感知績效之間的差距，從而影響了期望的一致性。但研究表明，期望對企業社會責任感知績效的正效應要低於期望對期望一致性的負效應，因為期望對企業社會責任感知績效的同化一般較弱。因此，ORE 期望對在線零售商營銷道德行為滿意度的總效應為負。綜上所述，本研究提出如下假設：

H6-4：消費者對 ORE 的期望越高，ORE 感知績效越高。

H6-5：消費者對 ORE 的期望越高，期望一致性越低。

H6-6：消費者對 ORE 的期望越高，ORE 滿意度越低。

消費者滿意是企業戰略的重要組成部分（Beckmann, 2006），消費者滿意不僅包括對企業產品和服務的滿意，還包括對企業道德行為和社會責任的滿意。ORE 滿意感是消費者對在線零售商營銷道德行為和表現的整體評價，期望一致性模型認為期望一致性對滿意有直接效應。當期望一致性高時，即感知在線零售商營銷道德行為超過消費者的期望，消費者會產生滿意，消費者會對在線零售商做出更為正面的評價；而當期望一致性低時，即感知在線零售商營銷道德責任低於消費者的期望，消費者會產生不滿意，對在線零售商做出負面的評價。消費者回應是依賴於其期望和感知的一致性（Dawkins and Lewis, 2003）。消費者對在線零售商營銷道德行為的期望是否被滿足或超越將影響其對在線零售商的積極回應。當消費者對 ORE 的感知績效符合或超過期望，則

會對企業做出積極評價，從而促進后續購買行為。因此，只有在線零售商營銷道德行為符合以及超過了消費者的期望，消費者才會認為在線零售商具有道德責任感，才會對零售商做出肯定的評價，並表現出積極的行為意願。研究也表明，滿足消費者對企業承擔社會責任的期望會增加消費者產品購買意願（Mohr and Webb, 2005）。消費者對在線零售商營銷道德行為的滿意會降低對於賣方機會主義行為的恐慌，對消費者的交易意圖產生積極的影響。綜上所述，本研究提出如下假設：

H6-7：期望一致性越高，消費者對 ORE 的滿意感越高。

H6-8：期望一致性越高，消費者在線購買意願越高。

H6-9：ORE 滿意度越高，消費者在線購買意願越高。

（3）消費者對在線零售商營銷道德行為的感知動機

消費者在獲知在線零售商營銷道德責任信息后，會進一步推論企業行為背后隱藏的動機。歸因理論可以解釋消費者對在線零售商營銷道德責任這種外在行為表現原因的推論過程。基於該理論的判斷，我們認為消費者會對在線零售商營銷道德行為進行歸因，判斷在線零售商營銷道德行為的動機包括利他動機和利己動機兩種。Becker-Olsen 等（2006）認為利他動機是與社會相聯繫的動機，而利己動機是與利潤相聯繫的動機。消費者認為以他人為中心從事社會責任的企業是有道德的，企業把從事社會責任作為企業應當承擔的責任，是一種義務；以自我為中心的企業，消費者認為企業從事社會責任具有戰略目的，如為了營利（Ellen et al., 2006）。當消費者認為在線零售商營銷道德行為的動機是以他人為中心時，即感知動機為利他，將在線零售商營銷道德行為視為企業具有道德素質的表現，則會增加對企業的正面評價，並形成積極的態度；反之，當消費者認為在線零售商營銷道德行為的動機是與利潤相聯繫的，是迫於社會的壓力或是為了提升企業的形象或是一種營銷手段時，即感知動機為利己，則會懷疑企業的道德水平，並降低對企業的喜愛感覺，做出對在線零售商的負面評價，形成消極的態度。因此，消費者對在線零售商營銷道德責任的不同歸因，會影響消費者對企業的不同評價和回應行為。當消費者對在線零售商營銷道德的行為隱藏的動機產生懷疑，把這種行為視作一種提高企業利潤的利己動機時，則會認為企業具有較低的道德水平，弱化其感知的在線零售商營銷道德績效；當消費者把在線零售商的營銷道德行為看作一種利他行為時，會認為企業具有高尚的道德水平，強化其感知的在線零售商營銷道德績效。鄧新明（2012）也研究了企業倫理利他動因。結果表明持負回應態度的消費者認為企業從事倫理活動的動機是為了自己的商業利益。綜上所述，本研究提出如下

假設：

  H6-10：消費者感知的 ORE 利己動機越多，ORE 感知績效越低。

  H6-11：消費者感知的 ORE 利他動機越多，ORE 感知績效越高。

  （4）消費者倫理意識和網路店鋪印象對感知績效與期望的影響

  雖然歸因理論揭示了消費者對在線零售商營銷道德行為的感知過程，但是在複雜的網路市場環境中，還需要考慮其他因素對消費者感知在線零售商營銷道德行為的影響。消費倫理指導消費者在選擇、購買、使用商品和服務過程中應遵循怎樣的行為規則和標準。消費者倫理意識提升了消費者在倫理評估和判斷中的感知狀態，可以體現消費者的倫理傾向和倫理水平。消費者越來越願意考慮其私人消費行為的社會倫理影響，並試圖通過自己的購買行為帶來社會改變（Muncy and Vitell，1992）。因為消費者所接觸的信息越來越多，受教育程度也越來越高，對消費者權益與產品倫理訴求的意識則越來越強。消費者倫理意識是影響其倫理回應的一個重要因素（鄧新明等，2011）。隨著消費者越來越成熟，已經開始表現出越來越強烈的倫理訴求，進而在購物過程中呈現出一種規範理性特徵，即購物時不僅關注產品的物美價廉，還關注產品的倫理因素。消費者倫理意識越強，則在線購物時將表現出更明顯的規範理性特徵，並願意投入更多的倫理認知性努力。根據制度理論，制度環境因素是促發或改變企業社會責任活動的重要影響因素（Brickson，2007）。Scott（2001）認為制度是由規制、規範和文化認知所構成，制度壓力包括規制壓力、規範壓力和認知壓力。其中，規範壓力通過道德支配的方式來約束企業的適當性行為，體現為價值觀和行為規範。規範主要是指企業在制定社會責任政策和採取社會責任行為過程中針對主要的利益相關者而具有的一系列倫理、價值觀和行為規範。消費者倫理意識水平的提升能促使消費者在倫理信念和倫理消費行為上表現出更高的要求。這無形中給在線零售商實施營銷道德活動施加了一種外部規範壓力。因此，來自消費者層面的社會規範壓力可以促使在線零售商積極履行社會責任和營銷道德行為，從而增加在線零售商營銷道德行為的感知績效以及消費者預期水平。在線零售商為了謀求自身利潤最大化，會冒險採取一些不良營銷行為。消費者作為在線零售商營銷對象，如果有較強倫理消費意識，就會產生自我保護意識。那麼這些不良營銷行為就會受到有效抑制，從而表現出較高的道德責任行為。綜上所述，本研究提出如下假設：

  H6-12：消費者倫理意識越高，ORE 期望越高。

  H6-13：消費者倫理意識越高，ORE 感知績效越高。

  Carrigan 和 Attalla（2001）認為消費者常常缺乏判斷公司行為是否道德的

信息。B2C 網購情境中，由於缺乏身體接觸和互動，消費者更難判斷在線零售商是否道德。實質上，Boulstridge 和 Carrigan（2000）在考察消費者對倫理與非倫理營銷活動的回應時，發現大部分消費者均缺乏足夠的信息去辨識哪一家企業有或沒有從事過倫理活動。而且消費者也很少主動去尋求有關產品生產方面的倫理信息，在購物時只是簡單地依賴一些標籤信息作為指導。很多消費者並沒有被充分告知公司的社會責任信息。根據線索利用理論，網路店鋪印象作為信息線索，對消費者判斷在線零售商營銷道德行為有一定作用。根據線索利用理論（Cox, 1962; Olson and Jacoby, 1972），可以推斷消費者對在線零售商營銷道德水平不知曉和不熟悉時，會將網路店鋪形象作為重要線索和信息來判斷在線零售商的服務質量和道德價值。吳秋琴等（2012）認為，消費者在購買產品之前通常會搜尋各種高質量的信息，因此，網站形象也是消費者網路購物時參考的一個重要因素。消費者在購買產品之前通常會搜尋各種高質量的信息，而隨著互聯網的發展，網路形象已經成為高質量信息的重要來源。在一定程度上，網路店鋪形象反應了在線零售商履行道德責任的一些信息，從而增加了消費者對在線零售商營銷道德活動的知曉程度。消費者將店鋪印象作為重要的信息線索用於判斷在線零售商倫理價值的高低。對於印象好的網站，消費者認為這些企業形象降低的機會成本非常大，因而在印象好的網站購物時風險小，成本低，計算性信任較高。從情感角度，好的網站印象反應了消費者的認可。他們對這些網站的情感性信任也較高。網店店鋪印象有利於消費者降低道德風險感知，提高對在線零售商營銷道德行為的感知績效及期望水平。網路店鋪印象是消費者對網店不同屬性評估和感知的態度組合，也是顧客感受在線零售商營銷組合因素所產生的重要營銷刺激的整體構架。研究表明，網路商店印象的維度包括網站設計、訂單履行、溝通、商品、安全/保密性、促銷等（Jin and Park, 2006; 吳錦峰, 2013）。這些網路店鋪印象元素對消費者虛擬體驗具有積極影響。顧客在特定商店的購買行為取決於他們對該商店的印象的判斷（Osma, 1993）。依據線索利用理論的觀點，這些網路店鋪印象元素構成了消費者判斷商店服務質量和道德價值的內部線索和外部線索。它們對消費者具有預示價值和信心價值，使消費者相信通過網店店鋪印象線索能夠成功判斷在線零售商營銷道德績效，並且良好的網路店鋪印象將有助於消費者對在線零售商形成正面印象，如良好的口碑、知名度和信用等，對在線零售商履行營銷道德責任具有更多信心，從而提高消費者對在線零售商營銷道德的積極感知和預期。綜上所述，本研究提出如下假設：

H6-14：網路店鋪印象越好，消費者對 ORE 的期望越高。

H6-15：網路店鋪印象越好，消費者對 ORE 的感知績效越高。

## 6.3　量表設計與數據收集

### 6.3.1　量表設計

本研究所用問卷包括 ORE 感知利己動機、ORE 感知利他動機、消費者倫理意識、網路店鋪印象、ORE 感知績效、ORE 期望、期望一致性、ORE 滿意感、在線購買意願和人口統計特徵十個部分。我們先借鑑相關文獻開發了部分研究變量的測量題項，然后在此基礎上又邀請了五名電子商務和營銷倫理研究領域的教授進行了訪談，根據他們的意見對測量題項進行了新一輪的補充和完善，最后共形成了包括 ORE 感知利己動機、ORE 感知利他動機、消費者倫理意識、網路店鋪印象、ORE 感知績效、ORE 期望、期望一致性、ORE 滿意感、在線購買意願9個變量 32 個題項的預調查量表。調查量表採用 Likert 7 級量表的形式，1 代表「非常不同意」，7 代表「非常同意」。問卷的人口統計特徵包括性別、年齡、受教育程度、月收入、網購頻率、平均網購金額。在正式調查之前，先對南昌、武漢、長沙部分高校的在校大學生進行了小樣本預調查，共發放問卷 100 分，回收有效問卷 86 分，有效率為 86%。對量表進行了探索性因子分析和分項對總項相關係數（CITC）檢驗，又剔除了 4 個不符合檢驗要求的指標，最終保留了 28 個題項構成正式調查量表，並與人口統計特徵項一起構成了本研究最終問卷。

### 6.3.2　數據收集

本研究在上海、北京、武昌、南昌、長沙、重慶、濟南、深圳等城市，選擇有過在 B2C 網店購物經驗的消費者為調研對象，綜合運用實地面訪、郵寄問卷、E-mail 調查等方式收集問卷。共發放問卷 500 份，回收有效問卷 458 份，有效回收率為 91.6%。樣本概況如表 6-1 所示。

表 6-1　　　　　　　　　　　樣本概況

| 人口統計特徵 | 人數（人） | 百分比（%） | 人口統計特徵 | 人數（人） | 百分比（%） |
| --- | --- | --- | --- | --- | --- |
| 性別 |  |  | 月收入 |  |  |
| 　男 | 193 | 42.1 | 　2,000 元以下 | 118 | 25.8 |
| 　女 | 265 | 57.9 | 　2,000~4,000 元 | 164 | 35.8 |
| 年齡 |  |  | 　4,000 元以上 | 176 | 38.4 |
| 　18 歲以下 | 78 | 17.0 | 網購頻率 |  |  |
| 　18~30 歲 | 164 | 35.8 | 　經常 | 260 | 56.8 |
| 　31~50 歲 | 148 | 32.3 | 　偶爾 | 198 | 43.2 |
| 　50 歲以上 | 68 | 14.9 | 平均網購金額 |  |  |
| 受教育程度 |  |  | 　100 元以下 | 97 | 21.2 |
| 　大專以下 | 186 | 40.6 | 　100~300 元 | 129 | 28.2 |
| 　大專 | 127 | 27.7 | 　300~500 元 | 155 | 33.8 |
| 　本科及以上 | 145 | 31.7 | 　500 元以上 | 77 | 16.8 |

## 6.4　實證分析

### 6.4.1　信度和效度檢驗

通過計算（見表 6-2），各潛變量的 Cronbach's α 值為 0.709~0.825，均超過了 0.7。這表明，測量量表有較高信度。隨後，使用 AMOS18.0 進行驗證性因子分析，各觀測變量在對應潛變量上的標準化載荷系數超過 0.5（≥0.641），並在 $p<0.001$ 的水平上顯著，說明測量量表有好的收斂效度。對判別效度的檢驗如表 6-3 所示，每個潛變量的 AVE 平方根均大於該變量與其他變量的相關係數，表明測量量表的判別效度較好。

表 6-2　　　　　　　信度和收斂效度分析結果

| 潛變量 | 題項 | 標準化載荷 |
| --- | --- | --- |
| ORE 感知利己動機（α=0.772） | （1）該網商之所以遵守道德行為是為了獲得更多的利潤 | 0.787*** |
|  | （2）該網商遵守營銷道德是為了應對競爭對手的壓力 | 0.765*** |
|  | （3）該網商實施營銷道德活動是被逼的，不是真心實意的 | 0.801*** |

表6-2(續)

| 潛變量 | 題 項 | 標準化載荷 |
|---|---|---|
| ORE感知<br>利他動機<br>($\alpha$=0.814) | (1) 該網商遵守營銷道德是為了促進社會進步<br>(2) 該網商實施營銷道德活動是承擔企業公民的責任<br>(3) 該網商遵守營銷道德是為了促進電子商務行業的繁榮和發展 | 0.826***<br>0.811***<br>0.659*** |
| 消費者<br>倫理意識<br>($\alpha$=0.751) | (1) 我會優先購買有良知網商提供的產品<br>(2) 在生活和消費中不損害他人和社會利益，幫助他人是應盡義務<br>(3) 我會花一些時間和精力去瞭解企業倫理方面的信息 | 0.777***<br>0.641***<br>0.744*** |
| 網路店鋪印象<br>($\alpha$=0.709) | (1) 我對該網商的店鋪設計有不錯的印象<br>(2) 該網商很重視用戶體驗和購買行為<br>(3) 該網商有很好的商譽<br>(4) 在該網商的購物和交易活動是安全可靠的 | 0.686***<br>0.753***<br>0.776***<br>0.782*** |
| ORE<br>期望<br>($\alpha$=0.805) | (1) 我期望該網商不只是為了創造利潤，也盡到了社會成員的責任<br>(2) 我期望該網商能夠開展對社會有貢獻的營銷活動<br>(3) 我期望該網商的營銷行為維護了消費者的利益 | 0.844***<br>0.726***<br>0.688*** |
| ORE<br>感知績效<br>($\alpha$=0.788) | (1) 我認為該網商不只是為了創造利潤，也盡到了社會成員的責任<br>(2) 我認為該網商能夠開展對消費者和社會有貢獻的營銷活動<br>(3) 我認為該網商的營銷行為維護了消費者的利益 | 0.752***<br>0.774***<br>0.716*** |
| 期望<br>一致性<br>($\alpha$=0.726) | (1) 該網商不只為了利潤，也盡到了社會成員責任，與我的期望相符<br>(2) 該網商營銷活動對社會的貢獻符合我的期望<br>(3) 該網商的營銷行為維護了消費者的利益，與我的期望相符 | 0.727***<br>0.689***<br>0.708*** |
| ORE<br>滿意感<br>($\alpha$=0.825) | (1) 我對該網商能夠盡到社會成員的責任感到滿意<br>(2) 該網商營銷活動對社會的貢獻讓我感到滿意<br>(3) 該網商營銷行為對消費者利益的維護讓我感到滿意 | 0.733***<br>0.718***<br>0.757*** |
| 在線購買意願<br>($\alpha$=0.755) | (1) 我會把該網商作為我在線購物的首選<br>(2) 我會長期繼續惠顧該網商<br>(3) 我會推薦我熟悉的人來這家網商購物 | 0.682***<br>0.755***<br>0.801*** |

註：*** 代表 $p<0.001$。

表 6-3　　　　　　　　　　　　　判別效度分析結果

|  | 1 | 2 | 3 | 4 | 5 | 6 | 7 | 8 | 9 |
|---|---|---|---|---|---|---|---|---|---|
| ORE 感知利己動機 | 0.785 | | | | | | | | |
| ORE 感知利他動機 | 0.444 | 0.769 | | | | | | | |
| 消費者倫理意識 | 0.351 | 0.215 | 0.723 | | | | | | |
| 網路店鋪印象 | 0.278 | 0.117 | 0.158 | 0.750 | | | | | |
| ORE 期望 | 0.313 | 0.269 | 0.237 | 0.337 | 0.756 | | | | |
| ORE 感知績效 | 0.389 | 0.335 | 0.319 | 0.381 | 0.542 | 0.748 | | | |
| 期望一致性 | 0.252 | 0.201 | 0.374 | 0.477 | 0.446 | 0.477 | 0.708 | | |
| ORE 滿意感 | 0.307 | 0.225 | 0.353 | 0.422 | 0.411 | 0.559 | 0.601 | 0.736 | |
| 在線購買意願 | 0.226 | 0.376 | 0.409 | 0.375 | 0.391 | 0.506 | 0.568 | 0.644 | 0.748 |

註：對角線上的數字為 AVE 的平方根，對角線下方是各潛變量間的相關係數。

### 6.4.2　研究假設檢驗

將調查數據載入研究模型中，並運用結構方程建模軟件 AMOS18.0 進行檢驗。評價結果表明，卡方自由度比（$x^2/df$）為 2.218，小於 3.0；RMSEA 為 0.055，低於 0.08 的臨界值；GFI 和 AGFI 分別為 0.889 和 0.837；NFI 為 0.851；IFI、TLI 和 CFI 分別為 0.928、0.919 和 0.928，均高於 0.9。考慮到模型的複雜性，研究模型的整體擬合狀況良好。假設檢驗結果見表 6-4，除 H6-3、H6-4、H6-6、H6-8、H6-13 沒有得到驗證外，其餘假設均得到實證支持。圖 6-2 呈現了經過檢驗后的研究變量之間的因果關係。

表 6-4　　　　　　　　　　假設檢驗結果

| 假設 | 路徑關係 | 標準化路徑係數 | T 值 | 結論 |
|---|---|---|---|---|
| H6-1 | ORE 感知績效→期望一致性（+） | 0.165* | 2.323 | 支持 |
| H6-2 | ORE 感知績效→ORE 滿意感（+） | 0.281** | 3.906 | 支持 |
| H6-3 | ORE 感知績效→在線購買意願（+） | 0.023 | 0.414 | 不支持 |
| H6-4 | ORE 期望→ORE 感知績效（+） | −0.110 | −0.928 | 不支持 |
| H6-5 | ORE 期望→期望一致性（−） | −0.343** | −3.157 | 支持 |
| H6-6 | ORE 期望→ORE 滿意感（−） | 0.071 | 0.726 | 不支持 |

表6-4(續)

| 假設 | 路徑關係 | 標準化路徑系數 | T值 | 結論 |
|---|---|---|---|---|
| H6-7 | 期望一致性→ORE 滿意感（+） | 0.346*** | 5.835 | 支持 |
| H6-8 | 期望一致性→在線購買意願（+） | 0.025 | 0.439 | 不支持 |
| H6-9 | ORE 滿意感→在線購買意願（+） | 0.458*** | 7.436 | 支持 |
| H6-10 | ORE 感知利己動機→ORE 感知績效（−） | −0.277** | −2.525 | 支持 |
| H6-11 | ORE 感知利他動機→ORE 感知績效（+） | 0.192** | 2.781 | 支持 |
| H6-12 | 消費者倫理意識→ORE 期望（+） | 0.124* | 2.414 | 支持 |
| H6-13 | 消費者倫理意識→ORE 感知績效（+） | 0.053 | 0.583 | 不支持 |
| H6-14 | 網路店鋪印象→ORE 期望（+） | 0.158* | 2.204 | 支持 |
| H6-15 | 網路店鋪印象→ORE 感知績效（+） | 0.217** | 3.458 | 支持 |

註：* 代表 $p<0.05$；** 代表 $p<0.01$；*** 代表 $p<0.001$。

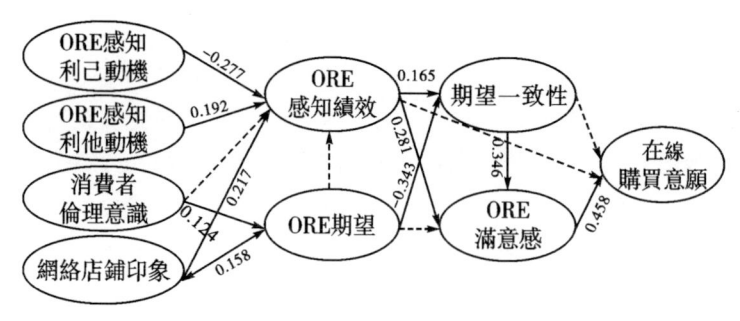

圖 6-2 潛變量之間的因果關係

從路徑系數的分析結果可以發現，ORE 感知績效對期望一致性（β=0.165*）和 ORE 滿意感（β=0.281**）有顯著的正向影響，但是 ORE 感知績效對在線購買意願（β=0.023）的直接影響沒有得到證實，因此，H6-1 和 H6-2 成立，H6-3 沒有獲得支持。ORE 期望對期望一致性（β=−0.343**）有顯著的負向影響，但 ORE 期望對 ORE 感知績效（β=−0.110）和 ORE 滿意感（β=0.071）的直接影響沒有得到證實，因此，H6-5 成立，而 H6-4 和 H6-6 沒有獲得支持。期望一致性對 ORE 滿意感（β=0.346***）有顯著的正向影響，但對在線購買意願（β=0.025）的直接影響沒有得到證實，因此，H6-7 成立，H6-8 沒有獲得支持。ORE 滿意感對在線購買意願（β=0.458***）有顯著的正向影響，因此，H6-9 成立。由此可見，ORE 期望和 ORE 感知績效主要通

過期望一致性和 ORE 感知滿意感的仲介作用對消費者在線購買意願產生間接影響。也即，只有當消費者對在線零售商營銷道德行為的感知績效與其期望相符時，才能對在線零售商營銷道德行為產生滿意感，進而對自身購買意願產生積極的促進作用。

從 ORE 感知績效與期望的動因來看，ORE 感知利己動機（$\beta = -0.277^{**}$）對 ORE 感知績效有顯著的負面影響，而 ORE 感知利他動機（$\beta = 0.192^{**}$）對 ORE 感知績效有顯著的正向影響，因此，H6-10 和 H6-11 成立。消費者倫理意識對 ORE 期望（$\beta = 0.124^{*}$）有顯著的正向影響，但對 ORE 感知績效（$\beta = 0.053$）的影響並不顯著，因此，H6-12 成立，H6-13 沒有獲得支持。網路店鋪印象對 ORE 期望（$\beta = 0.158^{*}$）和 ORE 感知績效（$\beta = 0.217^{**}$）均有顯著的正向影響，因此，H6-14 和 H6-15 均成立。結合上述分析結果可知，ORE 期望和 ORE 感知績效在在線零售商營銷道德行為的消費者回應機理中發揮著重要的仲介和傳遞作用，在線零售商營銷道德行為的感知動機、消費者倫理意識和網路店鋪印象直接作用於在線零售商營銷道德行為的感知績效和期望，從而形成後續的在線購買態度和行為。

### 6.4.3 多群組結構方程模型分析

不同於方差分析只能分析不同群體對某個變量的認知水平差異，多群組結構方程模型可對不同變量間的效應差異進行分析。因此，本研究以圖 6-2 驗證後的模型路徑為基礎，將調查數據載入該模型中，按消費者特徵（性別、年齡、受教育程度、月收入、網購頻率和平均網購金額）分別將總體樣本分割為兩組子樣本利用 AMOS18.0 進行多群組分析，以考察人口統計特徵變量在模型路徑中的影響差異，並對運算結果進行整理得到表 6-5。從各個子模型擬合指數來看，$x^2/df$ 均小於 3，RMSEA 均小於 0.08，GFI、AGF、NFI 均高於 0.8，IFI、TLI 和 CFI 均高於 0.9。因此，多群組結構方程模型與觀測數據有較好的擬合程度。

表 6-5　　　　　　　多群組結構方程模型分析結果

| 假設路徑 | 性別 女 | 性別 男 | 年齡 高 | 年齡 低 | 受教育程度 高 | 受教育程度 低 |
|---|---|---|---|---|---|---|
| H6-1 | 0.056 | 0.102 | 0.188* | 0.126* | -0.035 | 0.082 |
| H6-2 | 0.338*** | 0.175* | 0.101 | -0.046 | 0.053 | -0.118 |
| H6-5 | -0.327** | -0.029 | 0.071 | -0.059 | -0.383*** | -0.202** |

表6-5(續)

| 假設路徑 | 性別 女 | 性別 男 | 年齡 高 | 年齡 低 | 受教育程度 高 | 受教育程度 低 |
|---|---|---|---|---|---|---|
| H6-7 | 0.424*** | 0.152* | 0.363*** | -0.064 | 0.441*** | 0.216** |
| H6-9 | 0.498*** | -0.073 | 0.512*** | 0.166* | 0.426*** | 0.044 |
| H6-10 | -0.318** | -0.252** | 0.023 | -0.108 | -0.102 | 0.058 |
| H6-11 | -0.114 | 0.083 | 0.265** | 0.154* | 0.178** | 0.077 |
| H6-12 | 0.183* | 0.064 | 0.227* | -0.078 | 0.203** | -0.101 |
| H6-14 | 0.096 | -0.058 | -0.106 | 0.022 | 0.242** | 0.036 |
| H6-15 | 0.264** | 0.119* | 0.302** | 0.155* | 0.088 | -0.011 |

| 假設路徑 | 月收入 高 | 月收入 低 | 網購頻率 經常 | 網購頻率 偶爾 | 平均網購金額 高 | 平均網購金額 低 |
|---|---|---|---|---|---|---|
| H6-1 | 0.197* | 0.155* | 0.044 | -0.121 | 0.083 | -0.103 |
| H6-2 | 0.112 | -0.096 | -0.075 | 0.104 | 0.037 | -0.136 |
| H6-5 | -0.128 | 0.027 | -0.403*** | -0.186* | 0.014 | -0.108 |
| H6-7 | 0.331*** | 0.365*** | 0.418*** | -0.075 | 0.258** | 0.262*** |
| H6-9 | 0.223** | 0.241** | 0.361*** | 0.164* | 0.353*** | 0.338*** |
| H6-10 | 0.036 | -0.075 | -0.127 | 0.008 | -0.108 | 0.016 |
| H6-11 | 0.062 | -0.083 | 0.275** | 0.124* | -0.076 | -0.106 |
| H6-12 | 0.173* | 0.165* | 0.216** | 0.044 | 0.112 | 0.068 |
| H6-14 | 0.026 | 0.102 | 0.086 | -0.088 | -0.042 | -0.072 |
| H6-15 | 0.058 | -0.103 | 0.178* | -0.112 | 0.185* | 0.167* |

註：* 代表 $p<0.05$；** 代表 $p<0.01$；*** 代表 $p<0.001$。

  多群組結構方程模型結果（如表6-5所示）表明，在 ORE 感知績效對期望一致性正向影響的路徑 H6-1 中，年齡高群體（$\beta=0.188$，$p<0.05$）比年齡低群體（$\beta=0.126$，$p<0.05$）的影響更為顯著；月收入高群體（$\beta=0.197$，$p<0.05$）和月收入低群體（$\beta=0.155$，$p<0.05$）的影響都顯著，但影響系數接近。在 ORE 感知績效對 ORE 滿意感正向影響的路徑 H6-2 中，男性群體（$\beta=0.338$，$p<0.001$）比女性群體（$\beta=0.175$，$p<0.05$）的影響更顯著。在 ORE 期望對期望一致性負向影響的路徑 H6-5 中，女性群體影響顯著（$\beta=-0.327$，

$p<0.01$），男性群體影響不顯著；受教育程度高群體（$\beta=-0.383$，$p<0.001$）比受教育程度低群體（$\beta=-0.202$，$p<0.01$）的負面影響更顯著；網購頻率高群體（$\beta=-0.403$，$p<0.001$）比網購頻率低群體（$\beta=-0.186$，$p<0.05$）的負向影響更顯著。在期望一致性對 ORE 滿意感正向影響的路徑 H6-7 中，女性群體（$\beta=0.424$，$p<0.001$）比男性群體（$\beta=0.152$，$p<0.05$）的影響更顯著；年齡高群體影響顯著（$\beta=0.363$，$p<0.001$），年齡低群體影響不顯著；受教育程度高群體（$\beta=0.441$，$p<0.001$）比受教育程度低群體（$\beta=0.216$，$p<0.01$）的影響更顯著；網購頻率高群體影響顯著（$\beta=0.418$，$p<0.001$），網購頻率低群體影響不顯著；月收入低群體（$\beta=0.365$，$p<0.001$）比月收入高群體（$\beta=0.331$，$p<0.001$）的影響顯著，但兩者差異不大；平均網購頻率低群體（$\beta=0.262$，$p<0.001$）比平均網購頻率高群體（$\beta=0.258$，$p<0.01$）的影響要顯著，但兩者差異不大。在 ORE 滿意感對在線購買意願正向影響的路徑 H6-9 中，女性群體影響顯著（$\beta=0.498$，$p<0.001$），男性群體影響不顯著；年齡高群體（$\beta=0.512$，$p<0.001$）比年齡低群體（$\beta=0.166$，$p<0.05$）的影響更顯著；受教育程度高群體的影響顯著（$\beta=0.426$，$p<0.001$），受教育程度低群體的影響不顯著；網購頻率高群體（$\beta=0.361$，$p<0.001$）比網購頻率低群體（$\beta=0.164$，$p<0.05$）影響更顯著；月收入低群體（$\beta=0.241$，$p<0.01$）比月收入高群體（$\beta=0.223$，$p<0.01$）的影響顯著，但兩者差異不大；平均網購頻率高群體（$\beta=0.353$，$p<0.001$）比平均網購頻率低群體（$\beta=0.338$，$p<0.001$）的影響要顯著，但兩者差異不大。

在 ORE 利己動機對 ORE 感知績效負向影響的路徑 H6-10 中，女性群體（$\beta=-0.318$，$p<0.01$）比男性群體（$\beta=-0.252$，$p<0.01$）的影響更顯著。在 ORE 利他動機對 ORE 感知績效正向影響的路徑 H6-11 中，年齡高群體（$\beta=0.265$，$p<0.01$）比年齡低群體（$\beta=0.154$，$p<0.05$）的影響更為顯著；受教育程度高群體的影響顯著（$\beta=0.178$，$p<0.05$），受教育程度低群體的影響不顯著；網購頻率高群體（$\beta=0.275$，$p<0.01$）比網購頻率低群體（$\beta=0.124$，$p<0.05$），影響更顯著。在消費者倫理意識對 ORE 期望正向影響的路徑 H6-12 中，女性群體（$\beta=0.183$，$p<0.05$）、年齡高群體（$\beta=0.227$，$p<0.05$）、受教育程度高群體（$\beta=0.203$，$p<0.01$）、網購頻率高群體（$\beta=0.216$，$p<0.01$）的影響均顯著，但男性群體、年齡低群體、受教育程度低群體和網購頻率低群體的影響不顯著；月收入高群體（$\beta=0.173$，$p<0.05$）比月收入低群體（$\beta=0.165$，$p<0.05$）的影響顯著，但兩者差異不大。在網路店鋪印象對 ORE 期望正向影響的路徑 H6-14 中，受教育程度高群體（$\beta=0.242$，$p<0.01$）的影響

顯著，受教育程度低群體影響不顯著。在網路店鋪印象對 ORE 感知績效正向影響的路徑 H6-15 中，女性群體（$\beta = 0.264$，$p < 0.01$）比男性群體（$\beta = 0.119$，$p<0.05$）的影響更顯著；年齡高群體（$\beta = 0.302$，$p<0.001$）比年齡低群體（$\beta = 0.155$，$p<0.05$）的影響更顯著；網購頻率高群體（$\beta = 0.178$，$p<0.05$）的影響顯著，網購頻率低群體影響不顯著；平均網購金額高群體（$\beta = 0.185$，$p<0.05$）比平均網購頻率低群體（$\beta = 0.167$，$p<0.05$）影響顯著，但兩者差異不大。

綜上所述，女性、年齡高、受教育程度高、網購頻率高的消費者在面對在線零售商營銷道德行為時表現出更高程度的回應水平，而月收入和平均網購頻率對在線零售商營銷道德行為的消費者回應的影響並不明顯。究其原因可能是，女性比男性更喜歡網購活動，花在網購上的時間也更多，因此，女性對在線零售商營銷道德行為的認知水平更高、反應也更強烈；年齡高比年齡低的消費者在網購中表現得更為理性，其網購活動更註重實用性，對網路商家的道德行為要求更高；受教育程度高的消費者的倫理認知更多，更容易判斷出在線零售商營銷行為的非法違德現象；而網購頻率高的消費者對網路購物更熟悉，掌握的網商信息也更多，弱化了網購中買賣雙方信息不對稱的負面影響，因此，對網路商家不道德營銷行為的識別、判斷和反應更快速和激烈。並且，在以上所有被檢驗的人口統計變量中，H6-7（期望一致性對 ORE 滿意感的正向影響）和 H6-9（ORE 滿意感對在線購買意願的正向影響）均得到了驗證，證明了這兩條路徑具有恒定性。因此，期望一致性和 ORE 滿意感在 ORE 感知動機、消費者倫理意識和網路店鋪印象通過 ORE 感知績效和 ORE 期望影響到消費者在線購買意願的過程中發揮了重要的中間和傳遞作用。這也說明了在線零售商營銷道德行為的消費者回應機理並不簡單，涉及以 ORE 感知動機、消費者倫理意識和網路店鋪印象等前置因素為源頭，以 ORE 感知績效和期望、期望一致性和 ORE 滿意感等因素為仲介力量，以消費者在線購買意願為結果變量的複雜影響過程和作用機制。

## 6.5 結論與討論

### 6.5.1 研究結論

本研究實證探索了在線零售商營銷道德行為的消費者回應機理，發現在線零售商營銷道德行為（ORE）感知績效對期望一致性和 ORE 滿意感有正向影

響，ORE 期望對期望一致性有負向影響，期望一致性對 ORE 滿意感有正向影響，ORE 滿意感對消費者在線購買意願有正向影響。從 ORE 感知績效與期望的動因來看，ORE 感知利己動機對 ORE 感知績效有負向影響，ORE 感知利他動機則對 ORE 感知績效有正向影響，消費者倫理意識對 ORE 期望有正向影響，網路店鋪印象對 ORE 期望和 ORE 感知績效均有正向影響。另外，多群組分析發現，女性、年齡高、受教育程度高、網購頻率高的消費者在面對在線零售商營銷道德行為時表現出更高程度的回應水平，而且期望一致性對 ORE 滿意感的正向影響以及 ORE 滿意感對消費者在線購買意願的正向影響在所有被檢驗的人口統計特徵群組中均得到支持，具有恒定性。因此，期望一致性和 ORE 滿意感在 ORE 感知動機、消費者倫理意識和網路店鋪印象通過 ORE 感知績效和期望影響到消費者在線購買意願的過程中發揮了重要的中間和傳遞作用。這表明，在 ORE 感知動機、消費者倫理意識和網路店鋪印象的驅動下，當消費者對在線零售商營銷道德行為的感知績效與其期望相符時，才能對在線零售商營銷道德行為產生滿意感，進而推進消費者在線購買意願。研究結果對在線零售商營銷道德治理有重要啟示作用。

### 6.5.2　管理建議

第一，不斷提升在線零售商營銷道德行為的消費者期望和感知績效水平。一方面，在線零售商應識別社會及消費者對其承擔營銷道德行為的要求，開展符合消費者期望的營銷道德活動。為滿足消費者期望，在線零售商履行營銷道德活動的力度和範圍應擴大，全面營銷道德的履行勢在必行。另一方面，也要讓消費者知曉在線零售商營銷道德行為表現，提高在線零售商營銷道德行為感知績效水平。在線零售商不僅應遵循營銷道德規範，還應通過第三方機構和媒體等中立機構發布其營銷道德信息，主動和積極地把營銷道德活動告知消費者。消費者對營銷道德信息瞭解越全面和清晰，越願以實際行動支持具有道德責任感的在線零售商。

第二，實施基於消費者利他歸因的在線零售商營銷道德戰略計劃。在線零售商營銷活動應不以犧牲消費者和社會利益為代價，符合作為社會成員的要求，並把營銷道德精神置入企業文化系統和組織架構中。例如，以阿里巴巴為代表的一批電子商務網站上市加快了國際化進程，並日益重視企業社會責任建設。阿里巴巴集團專設社會責任部門，發表年度社會責任報告。在線零售商應真心實意地從消費者和社會需求出發制訂和實施道德營銷計劃，根本目的是促進社會進步以及承擔社會公民責任和促進電子商務行業的整體繁榮。不能迫於

競爭壓力和獲取更多商業利潤的目的來制訂和實施道德營銷計劃。

第三，不斷優化網路店鋪印象，提升消費者網路購物體驗質量和道德價值感知。在「消費者主權論」的今天，企業行為只有獲得消費者積極回應才能轉化為績效結果。根據線索利用理論，網路店鋪印象越好，消費者的網路購物行為反應越積極。因此，在線零售商應重視網路零售的市場細分以及目標市場消費者購買行為分析，精心設計網路店鋪，確保網路購物和交易活動的安全可靠性，杜絕網店售假、價格詐欺和隱私侵犯等不良行為，提高網路購物者的體驗質量，並通過科學的營銷推廣活動建立良好的網店商譽，從而提高消費者感知的網路店鋪印象，增加在線零售商營銷道德行為的感知績效和期望水平。

第四，重視消費者倫理意識的培育，為在線零售商推進道德營銷活動提供「市場壓力」。消費者自身應主動學習和掌握網路購物過程中有效判斷和識別在線零售商違德非法營銷行為的知識，養成理性網路購物習慣，選擇和惠顧具有良好商譽的網路商家；政府應加強網路立法建設，淨化網路購物環境，促使在線零售商全面和客觀發布相關產品和服務信息，幫助消費者準確瞭解產品質量、價格信息和優惠信息等，提高消費者對網路假冒偽劣產品和不實促銷信息的鑑別能力。強化消費者倫理意識可加強對在線零售商營銷道德行為的有效干預，促進在線零售商樹立正確營銷道德價值觀。

第五，強化在線零售商營銷道德治理策略的差異性和針對性。在激烈競爭的電商市場中，產品和服務越來越同質化，營銷道德可以作為在線零售商開展差異化戰略競爭及獲取競爭優勢的手段。這就要求在線零售商應看到消費者如何對其營銷道德行為進行回應以及回應行為背後的真實原因。根據多群組分析結果，在線零售商營銷道德治理應考慮消費者回應的差異性，針對不同性別、年齡、受教育程度、網購頻率的消費者，制定與實施有差別的道德營銷措施，從而提高策略的有效性。

### 6.5.3　研究局限和進一步研究方向

本研究仍存在一些局限。首先，本研究是針對 B2C 在線零售商所做的實證調查，未來有待進一步考察在 B2B 零售情境中，組織顧客如何對在線零售商營銷道德行為產生回應及其原因。其次，在線零售商採取不同的道德營銷策略和方式，可能會導致消費者對其動機的不同歸因以及消費者的不同購買行為。因此，未來的研究應具體分析消費者對不同類型在線零售商營銷道德策略和方式的回應差異。最後，在線零售商營銷道德行為與消費者回應關係中是否還存在其他前置因素、仲介因素和調節因素的作用，仍然值得進一步的探討。

# 7 在線零售商營銷道德、購物體驗與顧客行為傾向

考慮到在線購物體驗是一個重要的消費者心理和行為變量，消費者在線購物不僅追求功能性體驗，而且追求情感性體驗。滿足顧客的在線購物體驗需求成為決定在線零售商營銷目標實現的關鍵。因此，本章主要從在線購物體驗的視角探討在線零售商營銷道德與顧客行為傾向的關係，目的是進一步擴展在線零售商營銷道德的理論機制，並且對在線零售商通過制定科學合理的道德營銷策略激發顧客的在線購物體驗及積極行為傾向也有重要實踐意義。

## 7.1 問題的提出

在中國，互聯網已發展成一種重要的銷售渠道，在線購物是互聯網用戶增長最快的互聯網應用方式。2014 年中國在線購物交易額大致相當於社會消費品零售總額的 10.7%，首次突破 10%。在線購物市場交易規模的擴大吸引著越來越多的傳統零售商紛紛「觸網」，積極向線上延伸，經營線上零售業務。隨著在線零售市場迅猛發展和競爭的日益激化，如何有效吸引、保留顧客成了業界關注的焦點。目前 B2C 電子商務企業的競爭模式仍然比較單一，大多聚焦在大範圍、大力度的促銷和廣告活動，通過「價格戰」的形式來吸引顧客（黃丹陽，等，2014）。隨著在線購物體驗的豐富以及消費行為和觀念的成熟，消費者在線購物時已不再簡單地滿足於產品本身的價格、功能等，消費者開始註重比較不同網店的設計和服務的理念能否滿足其個性化的需求，購物過程的趣味性和情感滿足逐漸成為其選擇的重要標準。由於商家只能通過互聯網的形式與顧客進行交流，因此，保持顧客良好的在線體驗至關重要。京東董事局主席劉強東說：「要把用戶體驗放在首位，其次才是規模和利潤。為用戶創造最好的網路購物體驗和質優價廉的產品，才是京東存在的理由。」研究也表明，

为用户提供良好的在线购物体验可以影响顾客的在线购物意愿（贺和平和周志民，2013）。因此，在线零售情境中顾客购物体验的挖掘和管理已引起学界和业界的共鸣。

随着互联网商业化应用增加，在线购物越来越成为我们日常生活中的一部分（Van Noort et al.，2008）。不幸的是，互联网上的诈欺行为、误导广告和虚假信息也在持续增加（Roman，2010）。尽管中国电子商务呈现爆发式的增长态势，但由于起步较晚、基础较薄弱，网上交易的配套服务体系还不健全，中国电子商务发展过程中还存在诸如假冒伪劣、物流迟缓、售后滞后、钓鱼诈欺、网路传销、价格战、用户信息泄露、频繁的造节促销等影响甚至破坏用户购物体验的诟病。在线零售营销活动日益引起了道德实践问题，已成为消费者在线购物的最大挑战。在线零售商的营销道德水平不仅影响到消费者的在线购物体验质量，而且破坏了虚拟市场的运行效率，并危及在线零售商业市场的健康发展。尽管互联网环境下的消费体验非常重要，创造良好的消费体验甚至日益被看成是绩效的关键驱动力，但互联网背景下的消费体验研究还是相对少见（Rose et al.，2011），尤其是对在线零售商营销道德对顾客在线购物体验的影响和效应还缺乏探索。鉴于此，本研究从顾客在线购物体验的视角，探索和分析在线零售商营销道德维度对顾客行为倾向的影响机理，建构起「刺激→体验→行为」这一横跨并融合伦理学、心理学及行为科学等领域的理论模型，并展开实证检验，从而为中国在线零售市场的营销道德建设以及顾客体验管理实践提供借鉴和启示。

本章的内容结构安排如下：首先，回顾在线零售商营销道德的内涵和测量维度、在线购物体验的内涵和结构研究，然后，基于文献回顾和理论分析，构建在线零售商营销道德、在线购物体验与顾客行为倾向之间关系的研究模型和研究假设。其次，进行变量测量和问卷调查。再次，基于结构方程建模法对研究模型和假设进行检验，并利用仲介检验方法对在线购物体验的仲介作用进行实证分析。最后，对研究结果进行讨论，提出一些重要的建议，并对本研究的局限性以及进一步研究方向进行探讨。

## 7.2 文献回顾和理论模型

### 7.2.1 在线零售商营销道德的内涵和测量维度

由于互联网的广泛性、开放性和隐蔽性，将营销和消费者服务转移到网路

上面臨巨大挑戰，包括道德問題的出現及由此導致的負面消費者反應（Wirtz et al., 2007）。在線情境中感知道德行為的專門研究是有必要的（Palmer, 2005）。在線零售商道德是指在線零售商以安全、公正、誠實的形式與消費者進行交易活動，從而形成消費者對在線零售商誠信和責任的感知（Roman, 2007）。學界從企業或消費者視角對在線零售商（電子商務）道德展開了一些研究，但並沒達成共識。Wu 和 Wu（2006）提出測量電子商務道德的指標包括隱私、交易安全、知識產權、信息的完整性和準確性。Radin 等（2007）列出了電子商務道德包括隱私、安全關注、無標籤網路廣告、域名搶註、面向未成年人的在線營銷、利益衝突、製造商與中間商的在線競爭。Bush 等（2000）發現，美國在線消費者從網上交易的安全性、網站非法行為、隱私保護、網路信息真實性四個方面評價購物網站的營銷道德。Roman（2007）基於西班牙消費者的調查，從安全性、隱私保護、無欺騙性、合同履行/可靠性四個方面開發了零售網站道德量表。Cheng 等（2014）基於交易過程視角構建了消費者感知的電子商務網站道德模型，包括銷售行為、隱私、安全、可靠性、服務補救五個維度。國內的閻俊和陳麗瑞（2008）研究表明，消費者對 B2C 網站營銷道德的評價維度包括交易結果可靠性、交易過程安全性、促銷誠信性、競爭公平性、廣告適度性。另外，根據營銷道德標準分析的三種理論基礎：顯要義務理論、相稱理論和社會公正理論，社會責任因子在傳統企業營銷道德研究中被視為一個重要的營銷道德維度（甘碧群和曾伏娥，2006）。一些大型電子商務企業也日益重視社會責任運動，如阿里巴巴集團成立了社會責任部門，發布國內互聯網企業社會責任報告，促進互聯網企業的社會責任行動。然而，現有研究卻忽略了對在線零售商社會責任道德維度的考量，忽略了在線零售商對社會功能和利益的追求和實現。為具體獲得在線零售商營銷道德的測量維度，本研究又針對購物網站的高管和消費者進行開放式訪談。訪談結果發現，在線零售商營銷道德主要由隱私保護、安全可靠、誠信經營、公平競爭、社會責任履行五個維度構成。

### 7.2.2 在線購物體驗的內涵和結構

體驗是個體對某些刺激，包括企業在顧客消費過程中以及購買前后做出的營銷努力產生回應的個別化感受，是由於對事件的直接觀察或是參與造成的，是所發生的事件與個人的心理狀態之間互動的結果（Schmitt, 1999）。體驗是顧客對一個公司直接或間接接觸時產生的主觀的內部反應（Meyer and Schwager, 2007）。隨著網購市場的興起，體驗也被應用到網路購物中。當消

費者與網上商店的環境、服務人員、政策及管理實踐互動時，就產生了在線購物體驗。有學者在管理信息系統領域基於「流」理論研究了在線用戶體驗或虛擬體驗，還有學者在市場營銷領域利用「流」理論或消費體驗理論研究消費者網路瀏覽（信息收集）和網路購買行為（賀和平等，2011）。Csikszentmihalyi（1988）重點研究網購用戶在網購中的心理滿足感，並最早提出了流體驗理論，強調了網購用戶的沉浸和投入狀態，當個體處於流體驗狀態時會完全被所做的事吸引，心情非常愉快並且感覺時間過得非常快。O'Brien（2010）以「流」理論為基礎，研究了在線購物情境下的用戶投入，並將其定義為一種用戶體驗的質量，包含注意力的集中、感知有用性、持續性、新奇性、美感以及情感介入等內容。基於消費體驗理論的在線購物研究將在線購物體驗視為一種多維的、個人化的內在心理狀態。夏治坤（2009）根據前人研究將電子商務用戶體驗定義為用戶在登陸到電子商務網站後，從用戶的註冊、身分認證，經歷網上對比商品和挑選商品，對比商家信譽，確定購買，並進行網上支付，到收到商品等所經歷的環節，電子商務網站給用戶提供一整套的交互式服務和購物環境，實現用戶的心理感受。黃丹陽等（2014）認為 B2C 購物網站用戶購物體驗是指，從顧客產生某種需求開始，到最終通過 B2C 購物網站滿足其需求，達到其目的，甚至獲得了超出其預期效果的整個過程的主觀情緒感受。目前，對在線購物體驗維度的劃分方法主要包括：①直接沿用或修正 Pine 和 Gilmore（1998）對體驗類型的四分類法（如 Jeong et al.，2009；Simon，2010）。②基於心理學模組對體驗維度進行劃分。在 Rose 等（2011）構建的概念模型中，在線消費者體驗則包括認知體驗和情感體驗。陳博和金永生（2013）在借鑑前人研究成果的基礎上，將網路購物體驗定義為顧客在使用網站進行購物時的消費體驗，也就是指由於網站相關的刺激物（例如商品、頁面設計、聲音等）引起的顧客的主觀、內在的反應以及行為的反應，包括感官、情感、思考、行動和關聯五個方面的反應。劉嵐和王霞（2013）選取 B2C 網上商城作為研究對象，得出一套用戶體驗指標體系。蘇倩（2011）以改善中國 C2C 電子商務網站的用戶體驗為目的，提出了國內 C2C 網站的用戶體驗度量指標模型。總體而言，中國學者現階段的研究也大多集中在關於體驗概念、內涵的闡釋以及體驗營銷的實施策略探討，屬於理念建構和策略組合的研究層面，而對於在線購物體驗營銷作為商業模式運行的內在機理及其實現路徑缺乏系統的研究。本研究借鑑前任研究成果，將在線購物體驗維度劃分為認知體驗和情感體驗兩個維度，用於理論模型的構建中。

### 7.2.3 在線零售商營銷道德與在線購物體驗的關係

根據心理學的 S-O-R（刺激—有機體—反應）模型理論，在線購物環境下消費者會對在線零售商營銷道德行為刺激產生情感反應及認知，從而影響到購買行為。顧客接觸零售網站之後，會產生對零售網站的體驗感受，主要包括信任態度和情感反應。消費者對網站的不信任已經成為網路交易的主要障礙。當面對一個道德性在線購買環境時，消費者感知網站在商業交易中是值得信任的（Yang et al., 2009）。一些研究表明，安全政策、隱私和訂單履行、系統保證、結構保證（如消費者感知網站環境的安全性）顯著影響到消費者對在線零售商的信任（Lauer and Deng, 2007；Bart et al., 2005；McKnight et al., 2002；Teo and Liu, 2007）。如果零售商有意洩露消費者信息，可能會引起在線消費者的擔憂並導致負面的道德行為感知。安全涉及消費者感知的在線交易的安全性以及個人財務信息的保護（Roman, 2007）。消費者認為網路支付不總是安全的，可能被攔截。這降低了消費者的信任水平，阻礙了消費者提供個人信息和做出在線購買決策（Mukherjee and Nath, 2007）。Flavia'n 和 Guinaly'u（2006）證實，網路信任被顧客關於隱私數據處理的感知安全所影響。體驗營銷活動中，利潤和商品需求的滿足不是商業的唯一目的，公平競爭和社會責任對公司的生存同樣重要。公平競爭（比如不抄襲競爭對手的界面設計）有利於為在線零售商贏得消費者的尊重和好感。Cyr（2008）具體分析了 B2C 電子商務網站用戶界面設計因子（如信息設計、導航設計、視覺設計）對顧客滿意與信任有影響。同時，企業在從事體驗營銷活動時，要關注其營銷活動的社會影響，通過社會責任活動的履行帶給顧客好感和信任。另外，在線購物體驗不僅產生功能型價值，也會產生享樂型價值（Chiu et al., 2009）。愉悅/好玩被視為消費者在線商店態度的重要維度（Liu et. al., 2000；Koufaris et al., 2002）。相比直接作用於感官的實體環境體驗，網路體驗營銷採用界面方式代替了真實環境中的直接體驗。對在線零售商而言，挑戰在於通過電子環境的展示使顧客參與和激發他創造一個令人難忘、無與倫比的體驗。Hassaneln 等（2007）認為，網路營銷者應通過相關的文本和圖片設計來提高社會性遠距臨場感，進而正向影響消費者的感知有用性、信任以及購物愉悅感，以使消費者形成更加積極的態度。總之，在線零售商營銷道德行為為在線購物者提供了關於隱私保護、安全可靠、誠信經營、公平競爭和社會責任履行等方面的豐富信息。在這些信息的利好刺激下，顧客更易產生積極的購物體驗。基於上述分析，本研究提出如下假設：

H7-1：積極的在線零售商營銷道德行為對顧客的認知體驗有正向影響。

H7-1a：隱私保護對顧客的認知體驗有正向影響。

H7-1b：安全可靠對顧客的認知體驗有正向影響。

H7-1c：誠信經營對顧客的認知體驗有正向影響。

H7-1d：公平競爭對顧客的認知體驗有正向影響。

H7-1e：社會責任履行對顧客的認知體驗有正向影響。

H7-2：積極的在線零售商營銷道德行為對顧客的情感體驗有正向影響。

H7-2a：隱私保護對顧客的情感體驗有正向影響。

H7-2b：安全可靠對顧客的情感體驗有正向影響。

H7-2c：誠信可靠對顧客的情感體驗有正向影響。

H7-2d：公平競爭對顧客的情感體驗有正向影響。

H7-2e：社會責任履行對顧客的情感體驗有正向影響。

### 7.2.4 在線零售商營銷道德與顧客行為傾向的關係

零售商營銷道德與顧客行為傾向的關係可用社會契約和公平理論解釋。基於社會契約理論，在線購買情境中個人信息的交換反應了在線零售商與消費者之間的直接社會契約。當消費者提供信息給在線零售商時，這種契約關係就發生，並且，零售商依次提供道德性交易環境給消費者。根據公平理論，如果一方（消費者）感知另一方不公平地獲利（如在線零售商詐欺性地銷售產品），受損一方就將這種情況視為不公平，並嘗試著恢復平衡。在這種情況下，消費者就會出現負面口碑傳播、抱怨公司、未來不從該處購買（Ingram et al.，2005）。道德活動被視為公平形成的投資。如果消費者感知到他們是被在線零售商公平對待的，公平感知就會增加（Alexander，2002）。這又會促使消費者產生在線購買慾望，並進行積極口碑傳播。現有研究也具體分析了在線零售商道德個別維度對顧客行為的影響。Singh 和 Hill（2003）發現，消費者關於網路使用和在線行為的觀點在總體上受到他們關於隱私的看法以及他們如何看待政府和公司在保護消費者隱私的角色的影響。Pan 和 Zinkhan（2006）表示，隱私政策影響到購物者對在線商店的信任，並且因此影響到消費者惠顧。其他研究發現，隱私、安全關注影響消費者從在線零售商處的購買意願（Adam et al.，2007）、網路口碑傳播（Roman and Cuestas，2008）、對在線零售商的忠誠（Limbu et al.，2011）。Roman（2010）的研究發現，感知詐欺對消費者滿意和忠誠意圖有強烈的負面影響。另外，誠信作為道德資本的核心內容，對維持交易關係和客戶關係影響顯著（劉思強等，2013）。公平競爭是正義與進步的商

業道德基本規範，企業社會責任是企業致力於消費者倫理與社會公共利益的行為。研究也表明，公平是維持和發展交易關係的基礎（Luo，2007），企業社會責任影響消費者的購買意向（謝佩洪和周祖城，2009）。綜述所述，本研究提出如下假設：

H7-3：積極的在線零售商營銷道德行為對顧客行為傾向有正向影響。

H7-3a：隱私保護對顧客行為傾向有正向影響。

H7-3b：安全可靠對顧客行為傾向有正向影響。

H7-3c：誠信經營對顧客行為傾向有正向影響。

H7-3d：公平競爭對顧客行為傾向有正向影響。

H7-3e：社會責任履行對顧客行為傾向有正向影響。

### 7.2.5 在線購物體驗與顧客行為傾向的關係

根據「認知→情感→行為」理論，消費者購物體驗的情感反應是建立在對在線零售商營銷道德認知和評價的基礎之上的。當消費者對某個網店產生信任後，就會再次瀏覽網店和購買產品，甚至向他人推薦該網店，引發積極口碑效應。在線零售情境中消費者首先是一個購物網站的瀏覽者。購物網站的營銷道德信息刺激經感知后才會引發消費者的理性思考和感性情緒，使其產生特定體驗，最終影響其購物行為。儘管在一個安全的網路環境中，消費者仍可能終止購物流程，因為先前的在線購物體驗影響到消費者的購買行為意圖（Jarvelainen，2007）。McWilliams 等（2006）的研究認為，消費體驗的實現程度會影響消費者的消費后評估，好的消費體驗會產生積極口碑推薦，負面消費體驗則使重購者減少。Smith 和 Sivakumar（2004）研究又表明，不同強度和不同持續時間的心流體驗對消費者的一次購買或重複購買有一定影響。綜上所述，本研究提出了如下假設：

H7-4：顧客對在線零售商的認知體驗與情感體驗正向相關。

H7-5：顧客對在線零售商的認知體驗與顧客行為傾向正向相關。

H7-6：顧客對在線零售商的情感體驗與顧客行為傾向正向相關。

根據相關文獻回顧和理論分析，本章提出消費者經由「在線零售商營銷道德的感知」形成「在線體驗」，進而影響「行為忠誠」的基本理論邏輯，並建構起研究模型（見圖7-1）。該模型高度契合了在線零售中以消費者為中心的精神內涵和運作理念。

图 7-1 研究模型

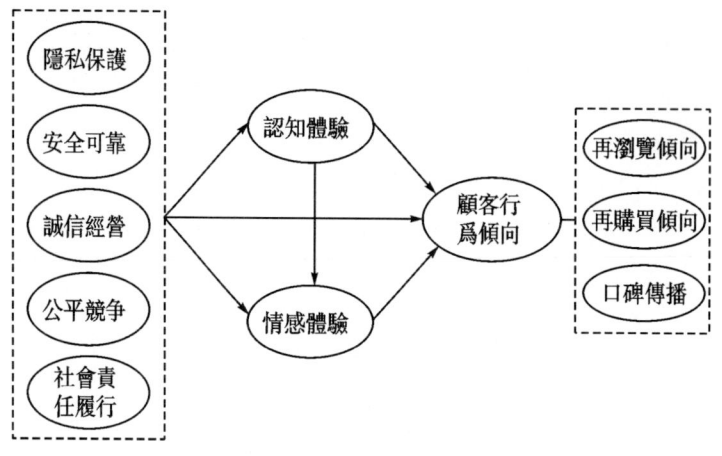

## 7.3 研究設計

### 7.3.1 變量測量

本研究主要涉及在線零售商營銷道德五維度（隱私保護、安全可靠、誠信經營、公平競爭、社會責任履行）以及在線購物體驗兩維度（認知體驗、情感體驗）、顧客行為傾向等基本變量的測量。所有測量指標參考了現有文獻，並結合消費者和專家訪談進行補充和完善。最終設計了 41 個測量題項，測項的衡量採用 Likert 7 級量表。

### 7.3.2 數據收集

選擇在上海、南昌、長沙、武漢、濟南等城市的購物中心、廣場、公園和高校內隨機發放調查問卷。共發放問卷 472 份，扣除無網上購物經歷及填答不完整問卷，回收有效問卷 422 份，有效回收率為 89.4%。樣本與現有網購群體特徵較為相似，基本滿足研究要求。

## 7.4 數據分析和假設檢驗

### 7.4.1 信度與效度分析

本研究採用 Cronbach's α 系數和組合信度來評估研究模型中所有潛變量的信度。表 7-1 顯示，各個變量的 Cronbach's α 系數均超過 0.7，組合信度均超過 0.8，說明變量測量有較好信度。

表 7-1　　　　　　　　　　信度分析

| 潛在變量 | 測項數目 | Cronbach's α | 組合信度 |
| --- | --- | --- | --- |
| 隱私保護 | 6 | 0.868 | 0.890 |
| 安全可靠 | 9 | 0.822 | 0.912 |
| 公平競爭 | 5 | 0.779 | 0.874 |
| 誠信經營 | 7 | 0.836 | 0.891 |
| 社會責任履行 | 4 | 0.763 | 0.833 |
| 認知體驗 | 4 | 0.803 | 0.855 |
| 情感體驗 | 3 | 0.725 | 0.807 |
| 顧客行為傾向 | 3 | 0.814 | 0.828 |

本研究的調查問卷是借鑑前人文獻以及結合訪談研究修正形成的，從而保證了問卷有良好的內容效度。採用 AMOS18.0 軟件進行驗證性因子分析，表 7-2 顯示，各題項在相應潛變量上的標準化載荷均在 0.6 以上，並且在 $p<0.001$ 情況下顯著。這表明，問卷的收斂效度較好。

表 7-3 顯示，八個潛變量平均抽取方差量（AVE）的均方根均大於該潛變量與其他潛變量之間的相關係數。因此，問卷有較好的區別效度。

表 7-2　　　　　　　　　　　　效度分析

| 研究變量 | 測項 | 標準化載荷 | 研究變量 | 測項 | 標準化載荷 |
|---|---|---|---|---|---|
| 隱私保護 | 非法收集個人信息<br>非法使用個人信息<br>非法出售個人信息<br>無隱私保護聲明<br>非法洩露和傳播個人信息<br>垃圾郵件泛濫 | 0.726***<br>0.751***<br>0.795***<br>0.802***<br>0.763***<br>0.709*** | 誠信經營 | 虛假廣告宣傳<br>描述產品不真實<br>產品與訂購不一致<br>提供假冒偽劣商品<br>違規「刷」信譽度<br>虛構交易記錄和評價誤導消費者<br>不兌現促銷承諾或服務承諾 | 0.797***<br>0.803***<br>0.668***<br>0.752***<br>0.746***<br>0.649***<br>0.718*** |
| 安全可靠 | 商品發貨、交貨延遲<br>配送中產品損壞或丟失<br>支付方式不安全<br>售後服務不周到<br>投訴回應難<br>系統沒有安全保證<br>商品信息描述不夠詳細<br>缺乏信用保障<br>退貨不退款或退款不及時 | 0.728***<br>0.717***<br>0.731***<br>0.622***<br>0.786***<br>0.821***<br>0.778***<br>0.743***<br>0.655*** | 社會責任履行 | 網站流量和效益不好<br>不積極參加公益事業<br>不重視綠色營銷和環保<br>缺乏複合型電子商務人才 | 0.778***<br>0.762***<br>0.625***<br>0.807*** |
| | | | 認知體驗 | 該網站是值得信賴的<br>該網站能提供好的購物服務<br>該購物網站有強烈吸引力<br>在該網站購物是十分值得的 | 0.715***<br>0.806***<br>0.823***<br>0.739*** |
| 公平競爭 | 模仿或抄襲對手界面設計<br>貶低競爭對手<br>惡意價格競爭<br>竊取知識產權和商業機密<br>在競爭者網頁上惡意差評 | 0.827***<br>0.771***<br>0.766***<br>0.739***<br>0.708*** | 情感體驗 | 愉悅的<br>自在的<br>興奮的 | 0.723***<br>0.801***<br>0.763*** |
| | | | 顧客行為傾向 | 再瀏覽傾向<br>再購買傾向<br>口碑推薦 | 0.745***<br>0.816***<br>0.792*** |

註：*** 代表 p<0.001。

表 7-3　　　　　AVE 的均方根和維度間相關係數

| | 1 | 2 | 3 | 4 | 5 | 6 | 7 | 8 |
|---|---|---|---|---|---|---|---|---|
| 隱私保護 | 0.758[b] | | | | | | | |
| 安全可靠 | 0.363 | 0.733[b] | | | | | | |
| 公平競爭 | 0.405 | 0.437 | 0.763[b] | | | | | |
| 誠信經營 | 0.274 | 0.351 | 0.376 | 0.735[b] | | | | |
| 社會責任履行 | 0.317 | 0.216 | 0.408 | 0.439 | 0.746[b] | | | |
| 認知體驗 | 0.329 | 0.452 | 0.426 | 0.338 | 0.527 | 0.772[b] | | |
| 情感體驗 | 0.278 | 0.379 | 0.365 | 0.297 | 0.478 | 0.534 | 0.763[b] | |
| 顧客行為傾向 | 0.366 | 0.392 | 0.407 | 0.351 | 0.556 | 0.488 | 0.582 | 0.785[b] |

註：b 表示 AVE 的均方根。

### 7.4.2　假設檢驗

運用結構方程模型對研究模型和假設進行檢驗，擬合優度指數分析結果顯示：x2/df ＝ 2.24 ＜ 3，NFI （0.877）、NNFI （0.918）、CFI （0.926）、IFI （0.922）、GFI （0.858）均接近或大於 0.9，RMSEA （0.066）小於 0.08。可見，該模型與數據有較好的擬合度，模型的設定是可以接受的，研究假設的

驗證結果見表 7-4。其中，H7-1e、H7-2d、H7-3d、H7-3e 沒獲得支持，其餘假設均通過驗證。

表 7-4　　　　　　　　　假設檢驗結果

| 假設 | 路徑關係 | 標準化路徑係數 | T 值 | 結論 |
| --- | --- | --- | --- | --- |
| H7-1a | 隱私保護→認知體驗 | 0.124* | 2.157 | 支持 |
| H7-1b | 安全可靠→認知體驗 | 0.183** | 2.726 | 支持 |
| H7-1c | 誠信經營→認知體驗 | 0.209** | 3.364 | 支持 |
| H7-1d | 公平競爭→認知體驗 | 0.116* | 2.058 | 支持 |
| H7-1e | 社會責任履行→認知體驗 | -0.005 | -0.486 | 不支持 |
| H7-2a | 隱私保護→情感體驗 | 0.158* | 2.338 | 支持 |
| H7-2b | 安全可靠→情感體驗 | 0.259** | 4.472 | 支持 |
| H7-2c | 誠信經營→情感體驗 | 0.306*** | 5.515 | 支持 |
| H7-2d | 公平競爭→情感體驗 | -0.107 | -1.292 | 不支持 |
| H7-2e | 社會責任履行→情感體驗 | 0.169** | 3.166 | 支持 |
| H7-3a | 隱私保護→顧客行為傾向 | 0.128* | 2.169 | 支持 |
| H7-3b | 安全可靠→顧客行為傾向 | 0.144* | 2.295 | 支持 |
| H7-3c | 誠信經營→顧客行為傾向 | 0.373*** | 6.262 | 支持 |
| H7-3d | 公平競爭→顧客行為傾向 | 0.076 | 1.357 | 不支持 |
| H7-3e | 社會責任履行→顧客行為傾向 | 0.018 | 0.192 | 不支持 |
| H7-4 | 認知體驗→情感體驗 | 0.215** | 3.623 | 支持 |
| H7-5 | 認知體驗→顧客行為傾向 | 0.302*** | 5.063 | 支持 |
| H7-6 | 情感體驗→顧客行為傾向 | 0.566*** | 7.738 | 支持 |

註：* 代表 $p<0.05$；** 代表 $p<0.01$；*** 代表 $p<0.001$。

### 7.4.3　仲介效應檢驗

根據溫忠麟等（2004）提出的仲介效應檢驗方法，對認知體驗和情感體驗的仲介效應顯著與否進行檢驗。

（1）認知體驗的仲介效應檢驗。第一步做隱私保護、安全可靠、誠信經營、公平競爭、社會責任履行對顧客行為傾向的迴歸（方程1），結果發現僅

隱私保護、安全可靠、誠信經營的顯著性得到了證明；第二步做隱私保護、安全可靠、誠信經營、公平競爭、社會責任履行對認知體驗的迴歸（方程2），結果發現僅隱私保護、安全可靠、誠信經營、公平競爭的顯著性得到了證明；第三步做隱私保護、安全可靠、誠信經營、公平競爭、社會責任履行、認知體驗對顧客行為傾向的迴歸（方程3），結果發現認知體驗對顧客行為傾向的標準化系數顯著，安全可靠、誠信經營對顧客行為傾向的標準化系數依然顯著，但隱私保護、公平競爭、社會責任履行對顧客行為傾向的標準化系數不顯著。可見，認知體驗在在線零售商營銷道德與顧客行為傾向中發揮了仲介效應，其中，認知體驗在隱私保護與顧客行為傾向中發揮了完全仲介效應，而在安全可靠、誠信經營與顧客行為傾向中發揮了部分仲介效應。詳見表7-5。

表7-5　　　　　　　認知體驗的仲介效應檢驗結果

|  | 方程1 顧客行為傾向 | 方程2 認知體驗 | 方程3 顧客行為傾向 |
| --- | --- | --- | --- |
| 認知體驗 |  |  | 0.458*** |
| 隱私保護 | 0.173* | 0.317*** | 0.084 (n.s) |
| 安全可靠 | 0.218** | 0.242** | 0.166** |
| 誠信經營 | 0.454*** | 0.135** | 0.372*** |
| 公平競爭 | 0.093 (n.s) | 0.186* | -0.033 (n.s) |
| 社會責任履行 | 0.048 (n.s) | -0.067 (n.s) | 0.102 (n.s) |
| F | 78.355 | 66.745 | 87.126 |
| ad-$R^2$ | 0.718 | 0.658 | 0.692 |

註：* 代表 $p<0.05$；** 代表 $p<0.01$；*** 代表 $p<0.001$；n.s 表示在 0.05 水平上不顯著。

（2）情感體驗的仲介效應檢驗。第一步做隱私保護、安全可靠、誠信經營、公平競爭、社會責任履行對顧客行為傾向的迴歸（方程4），結果發現隱私保護、安全可靠、誠信經營的顯著性得到了證明；第二步做隱私保護、安全可靠、誠信經營、公平競爭、社會責任履行對情感體驗的迴歸（方程5），結果發現僅隱私保護、安全可靠、誠信經營、社會責任履行的顯著性得到了支持；第三步做隱私保護、安全可靠、誠信經營、公平競爭、社會責任履行、情感體驗對顧客行為傾向的迴歸（方程6），結果發現情感體驗對顧客行為傾向的標準化系數顯著，隱私保護、誠信經營、公平競爭對顧客行為傾向的標準化系數依然顯著，但安全可靠、社會責任履行對顧客行為傾向的標準化系數不顯

著。可見，情感體驗在在線零售商營銷道德與顧客行為傾向中發揮了仲介效應，其中，情感體驗在安全可靠與顧客行為傾向中發揮了完全仲介效應，而在隱私保護、誠信經營與顧客行為傾向中發揮了部分仲介效應。詳見表 7-6。

表 7-6　　　　　　　情感體驗的仲介效應檢驗結果

|  | 方程 4 | 方程 5 | 方程 6 |
| --- | --- | --- | --- |
|  | 顧客行為傾向 | 情感體驗 | 顧客行為傾向 |
| 情感體驗 |  |  | 0.525*** |
| 隱私保護 | 0.173* | 0.204** | 0.229** |
| 安全可靠 | 0.218** | 0.178* | 0.043（n.s） |
| 誠信經營 | 0.454*** | 0.377*** | 0.365*** |
| 公平競爭 | 0.093（n.s） | −0.066（n.s） | 0.188* |
| 社會責任履行 | 0.048（n.s） | 0.226** | −0.076（n.s） |
| F | 78.355 | 82.412 | 98.615 |
| ad−$R^2$ | 0.718 | 0.797 | 0.662 |

註：* 代表 $p<0.05$；** 代表 $p<0.01$；*** 代表 $p<0.001$；n.s 表示在 0.05 水平上不顯著。

## 7.5　結論和討論

### 7.5.1　研究結論

本研究從在線購物體驗的視角構建並實證分析了在線零售商營銷道德對顧客行為傾向的影響模型。結果表明，在線零售商營銷道德五個維度通過在線購物體驗的仲介作用對顧客行為傾向產生影響。其中，隱私保護、安全可靠、誠信經營、公平競爭維度對顧客的認知體驗有積極影響，隱私保護、安全可靠、誠信經營、社會責任履行維度對顧客的情感體驗有積極影響，隱私保護、安全可靠、誠信經營對顧客行為傾向有積極影響，認知體驗對情感體驗有積極影響，認知體驗、情感體驗對顧客行為傾向均有積極影響，但情感體驗的影響更大。進一步基於仲介效應的檢驗程序發現，認知體驗和情感體驗在在線零售商營銷道德與顧客行為傾向中發揮了仲介效應。認知體驗在隱私保護與顧客行為傾向中發揮了完全仲介效應，而在安全可靠、誠信經營與顧客行為傾向中發揮

了部分仲介效應；情感體驗在安全可靠與顧客行為傾向中發揮了完全仲介效應，而在隱私保護、誠信經營與顧客行為傾向中發揮了部分仲介效應。本研究不僅證明了心理學中的「認知→情感→行為」路徑理論在在線零售情境中的適用性，擴展了在線零售商營銷道德的理論機制，而且對在線零售商通過制定科學合理的道德營銷策略激發顧客的在線購物體驗及積極行為傾向也有重要管理建議。

### 7.5.2 管理建議

（1）在線零售商應加強對消費者的隱私保護以及誠信經營，確保網路購物安全可靠。就這要求在線零售商不能非法收集和使用消費者的個人信息，不能將消費者的個人信息出售給其他商家，並向消費者頻繁發送垃圾郵件。同時，在線零售商應通過網路安全技術創新保證在線購物和交易系統的安全性，確保消費者的帳號安全。網路界面對商品信息的描述要詳細，並附有隱私保護申明。確保商品及時發貨和交貨，降低配送中的產品損壞或丟失。交易後，及時處理退貨申請，對消費者的投訴應積極回應和處理。另外，在線零售商應始終堅持誠實經營和公平交易，不銷售假冒偽劣產品，不搞虛假廣告宣傳欺騙消費者，不虛構交易記錄和評論誤導消費者，切實履行促銷承諾和服務承諾。

（2）在線零售商應堅持公平競爭和積極履行社會責任。在線零售商不能為了短期利益而故意侵害競爭對手和行業整體利益，比如隨意模仿或抄襲競爭對手的界面設計，發起惡意價格競爭，在競爭對手的網頁上進行惡意差評，貶低競爭對手，竊取競爭對手的知識產權和商業機密等。並且，在線零售商應強化社會責任意識和積極履行社會責任行為。在制定戰略規劃時，應從經營觀念和行為上摒棄唯利是圖的思路，明確在線零售企業履行社會責任的目標和方向，加強對管理者的培訓，增強高管的社會責任意識，建立嚴格的在線零售商社會責任實施和評價體系，在思想與行動上促進企業真正承擔和履行社會責任。在開展營銷工作時，在線零售商應瞭解所在行業的社會責任主題，設計出適合目標顧客群的社會責任營銷活動，並積極承擔經濟責任、員工責任、環境責任和慈善責任。其中，應加大電子商務人才培育力度，為員工提供良好的工作環境、待遇和發展平臺，滿足員工需求；加大電子商務業務內容和盈利模式的創新力度，吸引更多社會勞動力就業；積極推進在線綠色消費和綠色營銷，降低對環境的破壞；設立企業社會責任部門，制訂年度社會責任計劃，積極參加公益活動。另外，還應發揮政府的監督和激勵作用，建立健全在線零售市場企業社會責任方面的法律體系，加強對在線零售企業經營者的社會責任教育，

積極引導企業轉變經營理念和規範行為。

（3）推進在線零售體驗營銷活動，強化顧客的情感體驗。在線零售店鋪應進行人性化的界面設計，通過顏色、形狀、字體、圖像等要素的整合運用，給顧客產生強烈視覺衝擊力，從而提高顧客在線瀏覽的興奮感。在線零售店鋪應將購物操作流程簡單化、便捷化，減少顧客在線購買的難度和心理障礙。通過在零售網站上增加音樂、動畫、錄音與錄像片斷、網站連結、聊天室等內容，為消費者提供交流空間；介紹產品使用方法和評論，讓顧客在娛樂體驗中得到滿足，增加購物樂趣。另外，顧客在線購物過程中，情感體驗的高低很大程度上取決於客服質量。應大力培養具有專業知識和良好銷售技巧的在線客服，及時準確回覆消費者的疑問，幫助猶豫不決的消費者選擇合適商品，促使交易完成，培育顧客忠誠度。

### 7.5.3 研究局限和進一步研究方向

本研究仍存在一些局限。首先只選擇了 B2C 在線零售商作為研究對象，未來還應調查更多其他類型的在線零售企業，如 C2C、B2B，並分析本研究模型的適用性。其次，只從在線購物體驗的視角探討了在線零售商營銷道德對顧客行為傾向的影響，未來的研究還應考慮更多消費者特徵、組織特徵和市場特徵變量的仲介作用和調節作用。

# 8 在線零售商營銷道德行為與消費者購買意願——個體特徵和服務質量的調節

儘管上述章節針對在線零售商營銷道德行為與消費者回應的關係進行了理論和實證探討，但是這些研究並沒有明確在線零售商營銷道德行為與消費者回應的邊界和條件，即在線零售商營銷道德行為與消費者購買意願之間的調節變量及機制需要進一步分析。因此，本章主要基於實驗法分析消費者個體特徵變量和服務質量變量對在線零售商營銷道德行為與消費者購買意願關係的調節效應，從而明確在線零售商營銷道德行為影響效應的邊界和條件，為在線零售商營銷道德治理提供進一步的管理建議和啟示。

## 8.1 問題的提出

營銷道德理論經過半個多世紀的發展，理論文獻已相當豐富，並且隨著電子商務和網路經濟的發展又表現出新的現象和影響。與在線購物相關的道德問題關注正在增加（Cheng et al., 2014）。在線零售快速發展的同時，也帶來了許多倫理道德和社會問題（張國寶，2009）。因此，將營銷和消費者服務轉移到網路上面臨巨大挑戰，包括道德問題的出現和由此導致的負面消費者反應（Wirtz et al., 2007）。由於消費者是商業活動中的主要參與者，如果不考慮消費者的觀點，對營銷道德的瞭解將不夠完整（AI-Khatib et al., 1997）。消費者是評價在線零售商營銷行為是否道德並抵制營銷道德失範行為的重要市場力量。從這個角度看，企業營銷行為道德與否，理應得到消費者認可。所以，在線零售商制定營銷決策時應充分考慮消費者的感受和意見，以制定出符合消費者道德要求的營銷決策。這就要求在線零售商明確消費者評價企業營銷道德的

角度，瞭解消費者對營銷道德行為的回應。在相關研究方面，早期關於消費者視角的在線零售商營銷道德研究多數是概念性的（Maury and Kleiner, 2002；Stead and Gilbert, 2001），直到后來才開始對在線零售商營銷道德的測量（Roman, 2007；閻俊和陳麗瑞，2008）及其對消費者行為的影響機理（Roman and Cuestas, 2008；Yang et al., 2009；Limbu et al., 2011）進行分析。儘管針對在線零售商營銷道德行為與消費者回應關係的研究得出了許多有價值的結論，但這些研究對兩者關係的解釋仍不充分，尤其是為什麼不同的消費者會對在線零售商營銷道德活動產生不同的購買意願還沒有得到深入分析。

在線零售商營銷道德與實體零售商營銷道德在內容和表現上有一定差異性。相比面對面的交易，道德犯錯更可能發生在電子交易中（Citera et al., 2005）。在線零售本質上不能提供高信任度的溝通環境（Grewal et al., 2004），消費者會更難區別在線零售商的好壞。網路購物環境下廣泛的零售商選擇以及不穩定的消費者行為，使在線零售商難以保留住顧客，創造在線顧客忠誠更加困難和成本更高（Anderson et al., 2003）。以往研究認為，顧客信任、顧客滿意、感知安全感、網站形象、商家信譽、交貨及時性、產品質量及網路服務質量等因素都會直接或間接地影響消費者在線購買決策（Reichheld and Schefter, 2000；常亞平等，2009）。現實中消費者的在線購買決策還會受交易過程中在線零售商的營銷道德水平的影響，比如隱私保護、交易安全、訂單履行等。但多數在線零售商沒有意識到消費者購買商品是為了獲得滿意的商品和周到的服務。他們不僅要提供顧客所需要的產品，更多的是提供一種服務（何其幗和廖文欣，2012）。然而，在線零售商服務質量對創造和提升在線購買決策的影響缺乏實證數據的支持，而且實現這種影響的作用機制也需要深入研究。另外，消費者的個體特徵因素在信息技術和接受在線服務中發揮著重要作用。最近有研究關注個體差異對於在線顧客忠誠的影響（Sanchez-Franco et al., 2009；Lu and Lee, 2010）。那麼，消費者的個體特徵因素、在線零售商服務質量是否都對消費者購買意願產生影響？影響程度是否存在顯著差異？這些都是值得去探討的新問題。由於消費者個體有豐富的態度、情感和行為反應，有必要提出一個更全面、深刻的研究框架分析在線零售商營銷道德與消費者行為的複雜關係。如考慮消費者性別、個人價值或網路購買經驗等個體特徵因素對在線零售商道德與消費者網路商店態度和行為意圖的調節影響（Garbarino and Strahilevit, 2004；Schiffman et al., 2003；Bart et al., 2005），並且基於網站特徵分析在線零售商營銷道德對消費者行為的差異化影響（Roman, 2007）。因此，本研究將構建一個基於在線零售商營銷道德行為與消費者購買意願的研究

框架，並實證檢驗消費者信任、消費者支持、消費者網路專長三個消費者個體特徵因素和在線零售商服務質量對這種關係的調節效應，從而揭示不同個體差異和服務質量差異條件下在線零售商營銷道德行為對消費者購買意願的影響，進一步明確對在線零售商營銷道德行為持有不同信念、支持度和經驗的消費者的購買意願是否存在差異。因此，本研究通過進一步理清在線零售商營銷道德影響消費者購買意願的邊界和條件，有利於為在線零售商營銷道德行為的有效治理提供借鑑和參考。

本章的內容結構安排如下：首先，回顧在線零售商營銷道德及其對消費者行為的影響，然後基於文獻回顧和理論分析構建在線零售商營銷道德行為與消費者購買意願關係的調節機制模型和研究假設；其次，運用情景模擬實驗法檢驗和分析消費者個體特徵變量和服務質量的調節效應；最后對研究結果進行討論，提出一些重要的建議，並對本研究的局限性以及進一步研究方向進行探討。

## 8.2 文獻回顧和研究假設

### 8.2.1 在線零售商營銷道德的內涵與結構

隨著電子商務的迅速增長，營銷道德問題日益滲透到在線購買情境中，並突破了傳統道德規範，表現出新的形式。在線零售商營銷道德的相關研究主要從企業認知和消費者感知兩個視角展開。從企業認知視角出發，Radin 等（2007）的研究認為，安全、隱私、無標簽網路廣告、面向未成年人的在線營銷、域名搶註、製造商與中間商的在線競爭等是電子商務發展中遇到的主要道德問題。Schlegelmilch 等（2010）則認為，隱私、身分盜用、網路釣魚是網路中容易發生的主要道德問題。但這些研究主要停留在理論探討層面，所涉及的道德內容也較為寬泛。由於消費者是在線零售商營銷決策時所考慮的最重要利益相關者，也是推動營銷道德建設的重要動力，因此，消費者視角的在線零售商營銷道德研究獲得了普遍關注。Roman（2007）不僅將在線零售商道德定義為消費者對在線零售商誠信和責任的感知，而且證明了安全性、隱私保護、無欺騙性、履行/可靠性是消費者對在線零售商道德感知的主要維度。Nardal 和 Sahin（2011）在土耳其市場對 Roman 的在線零售商道德量表又重新做了驗證。Bush 等（2000）的調查表明，美國消費者評價網路企業營銷道德的維度主要包括交易安全、網站非法行為、隱私保護、網路信息真實性。Miyazaki 和 Fernandez（2001）發現在線消費者對隱私保護、系統安全、詐欺行為這三個方面的道德問題比較敏感。Ranganathan 和 Ganapathy（2002）則認為，在線消費者較為重視 B2C 網站在網站設計、信息內容、安全性、隱私權這四個方面的道德表現，並且最為關注安全性和隱私權。Cheng 等（2014）基於交易過程的角度構建了電子商務網站道德模型。該模型表明，消費者主要從銷售行為、安全、隱私、可靠性、服務補救五個方面感知和評價電子商務企業的道德水平。閆俊和陳麗瑞（2008）基於中國在線情境的研究顯示，消費者對 B2C 網站營銷道德的評價維度包括交易結果的可靠性、交易過程的安全性、促銷的誠信性、競爭的公平性、廣告的適度性五個維度。蔣侃（2012）基於文獻研究法，從交易過程安全性、隱私保護、交易可靠性、公平、非欺騙性五個方面對在線零售商營銷道德結構維度進行了歸納，但研究還缺乏實證的強力支持。

總體而言，國內外學界至今對在線零售商營銷道德測量內容還沒形成一致認識。根據營銷道德標準分析的三種理論基礎：顯要義務理論、相稱理論和社會公正理論，社會責任因子被視作一個重要的傳統實體企業營銷道德維度（甘碧群和曾伏娥，2006）。隨著時代變遷，人們對營銷道德規範和標準的認知也會發生變化。現有零售道德標準的研究突破了原有的界限和範疇，涉及綠色零售消費感知、零售企業社會責任以及零售銷售人員對道德的感知等（Stanaland et al.，2011；Nygaard and Biong，2010）。同時，在實踐中，部分大型在線零售企業也開始關注發起和實施社會責任活動，其中，阿里巴巴率先成立了社會責任部門，積極發布互聯網企業社會責任報告，促進互聯網企業開展社會責任行動。然而，現有研究卻忽略了對在線零售商社會責任道德維度的考量，忽略了對在線零售商實現社會利益的滿足。因此，基於上述的文獻回顧以及互聯網領域企業社會責任實踐的啟示，我們又針對電子商務企業的高管和消費者做了進一步的訪談研究。結果發現中國 B2C 情境中在線零售商營銷道德行為主要由隱私保護、安全可靠、誠信經營、公平競爭、社會責任履行五個方面構成。因此，本章的后續研究將從這些方面設計在線零售商營銷道德的實驗場景，深入探討在線零售商營銷道德行為對消費者購買意願的影響過程及調節效應。

### 8.2.2 在線零售商營銷道德行為對消費者購買意願的影響

消費者作為網路經濟生活中的核心主體，具有「經濟人」的特性，其在線消費決策又表現出一定的「經濟理性」。在線零售商營銷道德行為刺激作為外因影響到消費者在線購買決策變化的重要前提是觸發消費者的經濟理性。因

此，如果在線零售商積極實施營銷道德行為，為消費者創造了利益或者讓消費者主觀上感覺到在線零售商正在向自己讓渡利益，那麼，消費者便會對在線零售商營銷道德產生積極的購買意願。基於公平理論，如果消費者感知到在線零售商是非法違德獲利的（如詐欺銷售），利益受損的消費者就將這種情況視為不公平，並嘗試著恢復平衡。於是，消費者就會出現負面口碑傳播、抱怨公司或者未來不再購買（Ingram et al., 2005）。所以，道德活動可看作公平形成的一種投資。如果消費者感知到在線零售商是有道德的，公平感就會增加，進而促進積極在線購買行為的發生。同時，社會契約理論又表明，當消費者提供個人信息給營銷者時，一個隱含的社會契約就產生了。在線零售中交換個人信息可被理解為在線零售商和消費者之間的直接社會契約，並且當消費者提供個人信息給在線零售商時，在線零售商依次為消費者提供道德性網路交易環境（如安全保證、隱私保護等）。這意味著消費者對在線零售商的道德評價會影響到其購買意願。另外，在具體研究上，學界也從總體層面和維度層面對在線零售商營銷道德與消費者行為的關係進行了探討。其中，Limbu 等（2011）、Arjoon 等（2012）的研究表明在線零售商道德與消費者忠誠有積極關係。在線零售商道德不僅對口碑推薦有積極影響（Roman and Cuestas, 2008），而且通過消費者認同對口碑推薦產生間接作用（蔣侃，2012）。Limbu 等（2012）的研究認為，消費者態度和信任仲介了感知道德對行為意圖的影響。另外，還有研究具體分析了在線零售商營銷道德個別維度的影響效應。如 Adam 等（2007）研究認為，隱私和安全影響消費者在線購買意願。Roman（2010）的研究也發現，在線零售商詐欺對消費者滿意和忠誠意圖有消極影響。基於上述分析，本研究提出如下假設：

H8-1：在線零售商積極承擔和履行營銷道德行為對消費者購買意願有正向影響。

### 8.2.3 消費者信任和消費者支持的調節作用

消費者的人格特質非常複雜，消費者不完全是「經濟人」，更多地表現出「社會人」特性。因此，消費者在線決策過程中又存在著大量非理性行為。基於這一觀點，是否能迎合消費者的自我概念是在線零售商營銷道德行為對消費者決策產生影響的關鍵條件。即消費者的價值取向和在線零售商營銷道德行為所傳達的企業價值觀相符，才能有效促進消費者的在線購買意願被激發。並且，消費者從回應在線零售商營銷道德的購買行為中獲得了自我概念被認同以及自我價值被實現的滿足感。其中，消費者信任和消費者支持就體現了消費者

的自我概念和自我價值觀。在過往研究中，Sen 和 Bhattaeharya（2001）證明了企業社會責任對消費者購買行為的影響受到一定條件的限制，即受到消費者對企業社會責任與企業能力的信任程度（簡稱「消費者信任」）、消費者對企業社會責任行為的支持程度（簡稱「消費者支持」）的調節。Hiller（2010）的研究也認為消費者道德感知依賴於產品標準、個人價值體系的影響。並且，由於營銷道德本質上屬於社會責任中的道德責任類型和範疇，因此，本研究將進一步分析反應消費者個人價值體系的「消費者信任」「消費者支持」變量在在線零售商營銷道德行為效應中的調節機制。在本研究中，消費者信任是指消費者對在線零售商營銷道德行為與在線零售企業能力的信任程度，即關於在線零售商營銷道德行為與企業能力兩者之間是此消彼長還是相輔相成關係的信念和看法；消費者支持是指消費者對在線零售商營銷道德行為的支持程度。消費者對在線零售商的營銷道德努力的回應取決於消費者在多大程度上相信在線零售商的這種付出是在加強而不是在減弱企業能力的發展。如果消費者認為兩者是雙贏關係而非交換關係，則對從事營銷道德活動的在線零售商的反應更加積極，表現出更高的評價和購買意願。因為對那些持有交換關係信念的消費者而言，在線零售商履行營銷道德就是在浪費那些可以用來提升企業能力的有限資源，從而降低了在線零售商提供更好服務的能力；而對持有雙贏關係信念的消費者而言，積極履行營銷道德有助於在線零售商獲得更高的企業能力，從而為消費者提供更好的服務。並且，在線零售營銷活動中，消費者會重視所感知到的在線零售商營銷道德行為與其自身的關聯。基於社會認同理論，消費者特徵和公司特徵的一致性感知可能隨著消費者對在線零售商營銷道德的支持程度而變化。相比那些低支持的消費者，擁有高營銷道德支持的自我概念的消費者將感知到他們自己和在線零售商之間有更多的一致性。更普遍的是，組織認同至少有一部分是由於人們需要維持一個一致的、積極的自我形象而被激發的。因此，消費者更可能認同那些他們自己支持的付出營銷道德努力的在線零售商，從而表現出更強的購買意願。基於上述分析，本研究提出如下假設：

　　H8-2：消費者信任對在線零售商營銷道德行為與消費者購買意向的關係有調節作用。高信任的消費者進行在線購買時，對在線零售商是否履行營銷道德行為更加敏感。

　　H8-3：消費者支持對在線零售商營銷道德行為與消費者購買意向的關係有調節作用。高支持的消費者進行在線購買時，對在線零售商是否履行營銷道德行為更加敏感。

### 8.2.4 消費者網路專長的調節作用

基於服務主導邏輯的觀點，公司和消費者共同整合他們各自的資源來共創價值（Vargo et al.，2004）。消費者擁有關於他在互聯網上購買的產品的專長將決定電子商務體驗的價值（Barrutia and Gilsanz，2003）。消費者處理不同的操作性資源（如知識和技能）與公司資源的整合，目的是共創價值和實現雙贏。在線零售情境中，在線零售商營銷道德行為是一種公司資源，消費者網路專長是一種消費者資源。當消費者應用他們的網路專長到網站提供的資源（營銷道德行為）中時，價值共創就被激發，從而影響到消費者的行為意願。消費者網路專長涉及消費者的網路知識和經驗（Montoya-Weiss et al.，2003）。豐富的網路經驗可能使消費者對網路購物更加謹慎（Singh and Hill，2003）。因此，儘管網路專長增加，消費者可能仍會抵制從在線零售商處購物，除非他們確信道德問題是最小化的。網路經驗在理解在線情境中顧客感知、態度和行為是重要的。擁有更多網路經驗的顧客比缺乏經驗的顧客能更好地利用網站提供物。研究表明，網路經驗是網站效果的調節變量（Nysveen and Pedersen，2004），網路經驗和知識調節了網站設計的影響（Szymanski and Hise，2000）。網購中缺乏身體接觸，降低了消費者發現和識別詐欺行為的能力（Ben-Ner and Putterman，2003）。消費者區分道德和非道德在線零售商更為困難。基於信息不對稱理論，經濟主體不完全掌握產品或市場的信息，在線零售商比消費者關於交易的相關方面有更多信息。在 B2C 在線零售情境中，信息不對稱增加了消費者辨別和判斷在線零售商是否道德的難度。因此，在線零售商營銷道德的評價需要獲取對方的信息和知識，以至於做出有效判斷。在信息不對稱情境中，消費者網路專長能部分地緩解信息欠缺，有助於消費者對在線零售商營銷活動做出正確的道德判斷。Forsythe 等（2006）研究發現，在線購物經驗的增加會降低消費者的風險關注程度。並且，富有經驗的購買者更加理性和聰明，能更容易識別和區分在線零售商的營銷行為是否道德。另外，基於理性行為理論，消費經驗與情感變量交互影響消費者的行為意圖。在同樣的顧客滿意水平下，網路購物經驗豐富的消費者更可能進行重複購買，表現出更高的在線忠誠行為（吳金南和尚慧娟，2014）。網購經驗也已被證實會增加購買意圖（Chang et al.，2005）。基於上述分析，本研究提出如下假設：

H8-4：消費者網路專長對在線零售商營銷道德行為與消費者購買意向的關係有調節作用。高網路專長的消費者進行在線購買時，對在線零售商是否履行營銷道德行為更加敏感。

### 8.2.5 服務質量的調節作用

在線零售商營銷道德行為對消費者購買意願的影響還受到服務特質的作用。服務質量是一個重要影響變量。服務質量感知是出於消費者對相關服務質量屬性的一些暗示經過分析后所做出的判斷。在線零售商不僅僅是提供顧客所需要的產品，更多的是提供一種服務（何其幗和廖文欣，2012），良好的服務質量能夠提升顧客對服務提供者的信任（Hsu，2008）。在線零售服務質量的相關研究集中在電子服務質量領域。電子服務質量是指一個網站能夠方便快捷有效地購物、採購、交貨的程度（Parasuraman et al.，2005）。它從購前階段（產品信息、訂單信息、個人信息保護等）一直延伸到購后階段（配送、履行、退貨等）。目前，學界主要從服務內容與交互界面兩個方面闡述電子服務質量的範疇以及界定電子服務質量的邊界，並且各種電子服務質量屬性影響到消費者的網站態度。如果消費者感知的公司網站服務質量是高的，積極的網站態度就會產生（Carlson and O'Cass，2010）。Basoglu 等（2014）認為，在線服務平臺質量維度（包括易用性、有用性、個性化）直接影響消費者對平臺的態度。Elsharnouby 和 Mahrous（2015）的研究也表明，電子服務質量五維度（包括效率、隱私、系統可用性、回應、補償）影響消費者對網站的態度。另外，國內的鄧之宏等（2013）的研究顯示，電子服務質量對顧客滿意及顧客價值有顯著積極影響。根據線索利用理論，消費者會利用線索來作為評價服務質量的依據。在線零售商營銷道德行為表現也屬於線索的一種。消費者會根據在線零售商的營銷道德表現對企業的服務產生不同水平的質量感知。消極的在線零售商營銷道德損害消費者對服務質量感知的評價，從而導致消極的購買意願；而積極的在線零售商營銷道德促使消費者對服務質量感知做出有益評價，從而引發更積極的購買意願。理論上說，高質量服務面向對服務要求更加嚴格的消費群體。他們對在線零售商營銷道德水平支持程度更高，通常對提供產品和服務的在線零售商提出相對較高的營銷道德要求。因此，在高質量服務情境中，在線零售商營銷道德行為更易左右消費者的購買決策。反之，低質量服務往往面向的是那些「隨遇而安」的消費者。他們對服務質量的訴求並沒那麼嚴格，對服務提供者承擔營銷道德行為的關注和要求有限。因此，在低質量服務情境中，消費者購買意願對在線零售商營銷道德的敏感程度顯著下降。基於上述分析，本研究提出如下假設：

H8-5：服務質量對在線零售商營銷道德行為與消費者購買意向的關係有調節作用。在服務質量高的在線零售商處購買時，消費者對企業是否履行營銷

道德行為更加敏感。

根據上述文獻回顧和假設依據，本研究構建了相應的理論模型，如圖8-1所示。

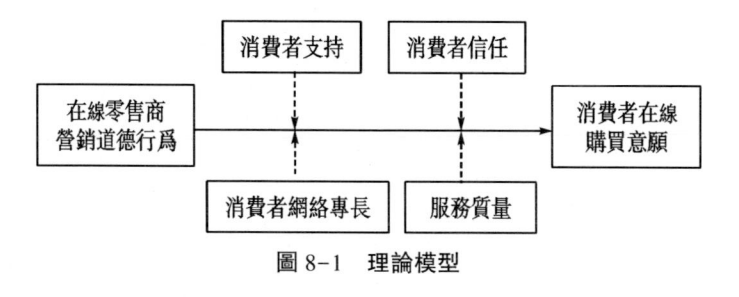

圖8-1 理論模型

## 8.3 研究設計

### 8.3.1 實驗設計

本研究將實驗控制和測量的變量分為外因變量和內因變量。其中，在線零售商營銷道德水平和服務質量是外因變量，消費者信任、消費者支持、消費者網路專長是內因變量。由於以現實企業作為研究對象不利於克服消費者主觀偏見的影響（Mohr and Webb, 2005），所以，本實驗研究對象選擇虛擬電子商務公司。實驗場景設定為消費者針對虛擬電子商務公司進行在線購物，並通過短文的形式向被試傳遞這家電子商務公司的營銷道德水平以及服務質量情況，然后，再要求被試回答購買意願和個體特徵情況的問題。實驗情境採用了2（在線零售商營銷道德行為）×2（服務質量）的組間設計。其中，在線零售商營銷道德行為包括積極水平與消極水平兩檔，服務質量包括高服務質量和低質量服務兩檔。與此同時，為驗證不同水平的在線零售商營銷道德行為是否對消費者購買意願產生作用，本研究設計了兩個控制組（不涉及在線零售商營銷道德行為的信息，僅提及服務質量信息，服務質量水平同樣分為高與低兩檔）對消費者購買意願進行測量。

### 8.3.2 實驗對象

總共有來自上海市和南昌市三所大學經濟管理學院的245名高年級本科學生參加了我們的實驗研究，其中有53名學生（女性=35人，男性=18人）參

加了實驗的操控檢驗部分，以保證對在線零售商營銷道德行為和服務質量進行操控的成功，同時，192名學生（女性＝127人，男性＝65人）則參加了我們的正式實驗。此外，為了排除專業因素對學生服務質量感知的影響，本實驗研究中所有的樣本均來自於管理學專業的學生。

### 8.3.3 實驗過程

首先，本研究針對53名被試進行了預實驗，目的是確認實驗情景設計是否合理，以及進一步修正和完善調查量表。被試首先被要求認真閱讀一個模擬的在線購物情境。這篇由研究人員撰寫的模擬在線購物情境短文，描述了一家零售企業Dare.buy（該企業是虛擬的）進入電子商務市場，並在中國廣泛開展營銷活動的信息。在整篇短文中，其他的電子商務公司、營銷活動信息與Dare.buy的營銷道德信息和服務質量信息融合在一起，從而避免被試猜測實驗的真實目的。被試閱讀完短文之後，要求填寫問卷。基於問卷數據的分析表明，消費者購買意願在積極、消極、控制組之間存在顯著差異（$P<0.001$）。這表明操縱變量確實發生了作用。同時，除了消費者支持的內部一致性信度略低外（Cronbach's $\alpha=0.622$），其他變量的內部一致性信度都達到要求（Cronbach's $\alpha>0.70$）。一些被試對問卷提出了部分修改意見。本研究針對這些意見進一步修改了問卷，從而進入正式實驗階段。在此階段，192名被試被隨機地劃分到積極在線零售商營銷道德行為與高服務質量、積極在線零售商營銷道德行為與低服務質量、消極在線零售商營銷道德行為與高服務質量、消極在線零售商營銷道德行為與低服務質量四個實驗組中。被試按要求閱讀與操控檢驗中相似的一篇短文（四個組別的樣本分別閱讀材料一、二、三、四），然后，再回答一些關於消費者購買意願的問題。並且，被試還被要求完成一份用於測量消費者個人特徵（主要包括消費者信任、消費者支持和消費者網路專長）的問卷。每個被試完成正式實驗的時間大約為20分鐘，並且參加實驗的被試都獲得了一份小禮品作為獎勵。

**閱讀材料一：** 隨著網路經濟和電子商務產業在中國的快速發展，在線商店的廣域覆蓋、全天候和高互動性的優勢被越來越多的傳統零售商所認同，吸引著傳統零售企業紛紛「觸網」，積極向線上延伸，如沃爾瑪、家樂福、樂購、Dare.buy、國美、蘇寧、王府井百貨等傳統知名零售企業均已開通網上商城，涉足網上零售業務。這些公司在電子商務市場開展著各式各樣的營銷活動和促銷競爭，如「雙十一購物狂歡節」，希望獲得更多消費者的青睞，提高市場佔有率。其中，Dare.buy公司開展傳統零售業務已經有多年的歷史，並且成立

了自己的網上商城，積極開展網路營銷活動。在當前的電子商務市場中，Dare. buy 公司是一家非常具有道德責任感的公司。公司始終堅持以現代市場營銷理念為指導，以客戶為導向，從根本上維護廣大消費者的利益。消費者的個人信息得到了 Dare. buy 網站的嚴格保密，並且其顧客經常通過個人郵件獲得該公司提供的有意義的線上商品促銷信息。顧客非常喜歡該公司的網站，願意花更多的時間在該網站上搜尋商品信息甚至是為了獲得購物的樂趣感；並且消費者在該公司的網站上購物是有安全保證的，不用擔心個人財務信息和資金帳號的洩露。該購物網站的商品信息描述較為客觀和真實，廣告促銷信息不誇張，網站服務人員的互動很友好。該網站始終堅持公平的市場競爭，不惡意貶低競爭對手和虛構交易評論，產品定價也較為合理，不打價格戰。並且，公司在營運的同時，還積極通過網站發布和組織社會責任活動，熱心公益事業，幫助弱勢群體。公司除了積極提升營銷道德水平外，也非常註重提升電子服務質量。公司注意優化網頁的設計，確保購物導航系統、用戶界面和搜索工具的易用性、直觀性和樂趣性，從而使消費者更易找到需要的產品。並且，該網站積極提高服務效率，快速回應消費者需求，通過網路信息系統來主動為顧客提供幫助與個性化服務。網上展示的產品圖片信息與真實產品一致，網站信息質量高。網站處理顧客訂單的速度快，確保網上下單的產品及時發貨並且完好無損地到達消費者手中。即使消費者對在線購物產生異議和投訴，網站服務人員也能對顧客意見快速回覆，並且有效解決購物糾紛，提高服務補救質量。

　　**閱讀材料二**：隨著網路經濟和電子商務產業在中國的快速發展，在線商店的廣域覆蓋、全天候和高互動性的優勢被越來越多的傳統零售商所認同，吸引著傳統零售企業紛紛「觸網」，積極向線上延伸，如沃爾瑪、家樂福、樂購、Dare. buy、國美、蘇寧、王府井百貨等傳統知名零售企業均已開通網上商城，涉足網上零售業務。這些公司在電子商務市場開展著各式各樣的營銷活動和促銷競爭，如「雙十一購物狂歡節」，希望獲得更多消費者的青睞，提高市場佔有率。其中，Dare. buy 公司開展傳統零售業務已經有多年的歷史，並且成立了網上商城，積極開展網路營銷活動。在當前的電子商務市場中，Dare. buy 公司是一家非常具有道德責任感的公司。公司始終堅持以現代市場營銷理念為指導，以客戶為導向，從根本上維護廣大消費者的利益。消費者的個人信息得到了 Dare. buy 網站的嚴格保密，並且其顧客經常通過個人郵件獲得該公司提供的有意義的線上商品促銷信息。顧客非常喜歡該公司的網站，願意花更多的時間在該網站上搜尋商品信息甚至是為了獲得購物的樂趣感；並且消費者在該公司的網站上購物是有安全保證的，不用擔心個人財務信息和資金帳號的洩

露。該購物網站的商品信息描述較為客觀和真實，廣告促銷信息不誇張，網站服務人員的互動很友好。該網站始終堅持公平的市場競爭，不惡意貶低競爭對手和虛構交易評論，產品定價也較為合理，不打價格戰。並且，公司在營運的同時，還積極通過網站發布和組織社會責任活動，熱心公益事業，幫助弱勢群體。儘管公司非常注意提升營銷道德水平，但是公司在服務質量管理方面還存在著較多的不足，需要大力改進。主要表現在：公司的網頁設計非常不合理，網路購物導航系統、用戶界面和搜索工具非常複雜，從而導致普通的消費者特別是網路經驗不豐富的消費者需要花費較長的時間才能在網上找到自己需要的商品；網站的服務效率不高，不能快速回應顧客需求，不能通過網路信息系統主動為顧客提供幫助和個性化服務；網上展示的產品圖片信息與真實產品有差異，真實產品讓人失望，網站信息質量不高；顧客訂單經常需要等待很久的時間才處理，發貨速度慢，產品到達消費者手中經常出現損壞；很多時候，顧客對在線購物產生異議和投訴，但是網站服務人員不能對顧客意見進行快速回覆，不能有效解決購物糾紛，服務補救質量較差。

  閱讀材料三：隨著網路經濟和電子商務產業在中國的快速發展，在線商店的廣域覆蓋、全天候和高互動性的優勢被越來越多的傳統零售商所認同，吸引著傳統零售企業紛紛「觸網」，積極向線上延伸，如沃爾瑪、家樂福、樂購、Dare.buy、國美、蘇寧、王府井百貨等傳統知名零售企業均已開通網上商城，涉足網上零售業務。這些公司在電子商務市場開展著各式各樣的營銷活動和促銷競爭，如「雙十一購物狂歡節」，希望獲得更多消費者的青睞，提高市場佔有率。其中，Dare.buy公司開展傳統零售業務已經有多年的歷史，並且成立了網上商城，積極開展網路營銷活動。為了提高市場競爭力和績效水平，該公司非常重視電子服務質量管理。公司注意優化網頁的設計，確保購物導航系統、用戶界面和搜索工具的易用性、直觀性和樂趣性，從而使消費者更易找到需要的產品。並且，該網站積極提高服務效率，快速回應消費者需求，通過網路信息系統來主動為顧客提供幫助與個性化服務。網上展示的產品圖片信息與真實產品一致，網站信息質量高。處理顧客訂單的速度快，確保網上下單的產品及時發貨並且完好無損地到達消費者手中。即使消費者對在線購物產生異議和投訴，網站服務人員也能對顧客意見快速回覆，並且有效解決購物糾紛，提高服務補救質量。然而，由於競爭日趨激烈，為了降低營銷成本和獲取更多的利潤，Dare.buy網站的營銷道德水平開始降低。公司經常將網站上消費過的顧客信息出售給其他公司來獲利，並且經常向顧客發送垃圾郵件，誘導顧客在網上進行衝動性消費和大量購買。顧客越來越不喜歡該購物網站，不願意花更

多的時間在該網站上搜尋商品信息，在該網站購物也不能獲得樂趣感；並且消費者在該網站上購物是缺乏安全保證的，時常有顧客的個人財務信息和資金帳號被洩露。該購物網站的商品信息描述不客觀、不真實，廣告促銷信息虛假誇張，網站服務人員的互動不是很友好。該網站不能做到公平競爭，喜歡惡意貶低競爭對手和虛構交易評論，產品定價混亂，經常打價格戰。並且，公司從不積極主動通過網站發布和組織社會責任活動，對公益事業不熱心，對弱勢群體不提供有效幫助。

**閱讀材料四：** 隨著網路經濟和電子商務產業在中國的快速發展，在線商店的廣域覆蓋、全天候和高互動性的優勢被越來越多的傳統零售商所認同，吸引著傳統零售企業紛紛「觸網」，積極向線上延伸，如沃爾瑪、家樂福、樂購、Dare. buy、國美、蘇寧、王府井百貨等傳統知名零售企業均已開通網上商城，涉足網上零售業務。這些公司在電子商務市場開展著各式各樣的營銷活動和促銷競爭，如「雙十一購物狂歡節」，希望獲得更多消費者的青睞，提高市場佔有率。其中，Dare. buy 公司開展傳統零售業務已經有多年的歷史，並且成立了網上商城，積極開展網路營銷活動。該公司在網上銷售快速增長的同時，仍存在諸多服務質量管理的漏洞和不足，主要表現在：公司的網頁設計非常不合理，網路購物導航系統、用戶界面和搜索工具非常複雜，從而導致普通的消費者特別是網路經驗不豐富的消費者需要花費較長的時間才能在網上找到自己需要的商品；網站的服務效率不高，不能快速回應顧客需求，不能通過網路信息系統主動為顧客提供幫助和個性化服務；網上展示的產品圖片信息與真實產品有差異，真實產品讓人失望，網站信息質量不高；顧客訂單經常需要等待很久的時間才處理，發貨速度慢，產品達到消費者手中經常出現損壞；很多時候，顧客對在線購物產生異議和投訴，但是網站服務人員不能對顧客意見進行快速回覆，不能有效解決購物糾紛，服務補救質量較差。在服務質量水平亟待提升的同時，公司又迫於競爭壓力和盈利壓力，反而降低了營銷道德標準，出現了諸多營銷道德失範現象。公司經常將網站上消費過的顧客信息出售給其他公司來獲利，並且經常向顧客發送垃圾郵件，誘導顧客在網上進行衝動性消費和大量購買。顧客越來越不喜歡該購物網站，不願意花更多的時間在該網站上搜尋商品信息，在該網站購物也不能獲得樂趣感；並且消費者在該網站上購物是缺乏安全保證的，時常有顧客的個人財務信息和資金帳號被洩露。該購物網站的商品信息描述不客觀、不真實，廣告促銷信息虛假誇張，網站服務人員的互動不是很友好。該網站不能做到公平競爭，喜歡惡意貶低競爭對手和虛構交易評論，產品定價混亂，經常打價格戰。並且，公司從不積極主動通過網站發布和

組織社會責任活動，對公益事業不熱心，對弱勢群體不提供有效幫助。

### 8.3.4 變量測量

在本實驗中，在線零售商營銷道德行為和服務質量作為外部影響因素變量採取虛擬變量的設計形式，根據不同問卷情境設計，分別賦值 0 或 1。但為了對在線零售商營銷道德行為和服務質量進行操控檢驗，我們又專門設計了 3 個在線零售商營銷道德行為題項，分別是「該在線零售商註重保護消費者的個人隱私信息」「該在線零售商的交易支付系統是安全可靠的」「該在線零售商不提供假冒偽劣商品」，以及 3 個服務質量題項，分別是「該在線零售商的網頁設計直觀和易用」「該在線零售商的網站信息質量高」「該在線零售商對顧客的回應速度快」。消費者購買意願為因變量，採用 7 級 Likert 量表測量，參考 Vlachos 等（2009）、劉鳳軍和李敬強（2011）的研究，共設計了 3 個題項，分別是「我會把這家網店作為在線購物的首選」「在未來，如果有需要，我會繼續在該網站購物」「我會鼓勵親朋好友在該網站購物」。消費者信任、消費者支持、消費者網路專長作為內部影響因素變量，採用 7 級 Likert 量表進行測量。其中，消費者信任和消費者支持的測量參考了 Sen 和 Bhattacharya（2001）、Webb 等（2008）的研究，消費者信任共設計了 4 個題項，分別是「營銷道德行為對在線零售公司資源是一種消耗」「在線零售商可以既有營銷道德感，又能提供高價值的產品和服務」「營銷道德行為削弱了在線零售商提供優質產品和服務的能力」「將資源投入營銷道德活動中的在線零售商會減少用於提升員工工作有效性的資源投入」；消費者支持共設計了 5 個題項，分別是「我支持保護消費者隱私的在線零售商」「我支持保證網路購物安全的在線零售商」「我支持公平競爭的在線零售商」「我支持誠信經營的在線零售商」「我支持積極承擔社會責任的在線零售商」。消費者網路專長的測量參考了 Roman 和 Cuestas（2008）的研究，設計了 3 個題項，分別是「我經常使用網路瀏覽器搜尋信息」「我對互聯網很熟悉和瞭解」「我擁有較豐富的互聯網購物知識和經驗」。

## 8.4 數據分析結果

### 8.4.1 樣本構成

在進行數據處理前，發現 192 名被試參加的實驗中，有 8 份問卷所填信息

不全，判為無效問卷。實驗的最終有效問卷184份（其中男生60份，女生124份；平均年齡20.16歲）進入數據分析。分佈情況如表8-1所示：第一組47份（積極在線零售商營銷道德行為和高服務質量）、第二組46份（積極在線零售商營銷道德行為和低服務質量）、第三組47份（消極在線零售商營銷道德行為和高服務質量）以及第四組44份（消極在線零售商營銷道德行為和低服務質量）。

表8-1　　　　　　　　　　樣本分佈

| 服務質量 | 在線零售商營銷道德行為 ||
|---|---|---|
|  | 積極 | 消極 |
| 高 | 47 | 47 |
| 低 | 46 | 44 |

由於對因變量（消費者購買意願）和調節變量（消費者信任、消費者支持、消費者網路專長）的測量採取了Likert量表形式。因此，利用SPSS18.0計算本實驗中因變量和調節變量的Chronbach's α值。表8-2中量表的α值均在0.7以上，說明具有較好的信度水平。本研究將分別採用因變量和調節變量得分的平均值進行方差分析，並驗證有關假設。

表8-2　　　　　　　量表Chronbach's α值

| 量表名稱 | 測項數數目 | Chronbach's α |
|---|---|---|
| 消費者購買意願 | 3 | 0.892 |
| 消費者信任 | 4 | 0.855 |
| 消費者支持 | 5 | 0.902 |
| 消費者網路專長 | 3 | 0.926 |

### 8.4.2　操縱檢驗

首先，對在線零售商營銷道德行為的操縱進行檢驗。對其題項的平均得分進行方差分析發現，被試對在線零售商營銷道德行為兩個水平的認知差異顯著，$F(1, 53) = 102.405$，$P<0.001$，對積極在線零售商營銷道德行為認知的平均得分（M=5.112）顯著高於對消極在線零售商營銷道德行為認知的平均得分（M=2.236）。這說明對在線零售商營銷道德行為的操控是成功的。其次，對服務質量的操縱進行檢驗。通過方差分析發現，被試對服務質量高低兩

個水平的認知差異顯著，F（1，53）＝83.525，P<0.001，被試對服務質量高的認知平均得分（M＝4.817）顯著高於對服務質量低的認知平均得分（M＝1.933）。這說明實驗對服務質量高低水平的操控也是成功的。

### 8.4.3 假設檢驗

（1）主效應檢驗

運用方差分析法對消費者購買意願、消費者信任、消費者支持、消費者網路專長在消極組、積極組和控制組三個不同在線零售商營銷道德行為組別之間的差異進行檢驗。表8-3顯示，消費者購買意願在積極組、消極組、控制組樣本之間存在顯著差異，消費者對積極在線零售商營銷道德行為的購買意願顯著高於消極在線零售商營銷道德行為（積極均值＝4.864，消極均值＝2.572，P<0.01）。這表明當在線零售商採取了積極的營銷道德行為時，確實會提高消費者購買意願；相反，當在線零售商採取消極營銷道德行為時，會明顯降低消費者購買意願。所以，H8-1得到支持。同時，消費者信任、消費者支持、消費者網路專長三個消費者個體特徵變量在不同在線零售商營銷道德行為組別之間並沒有顯著差異（P>0.1）。這表明被試沒並受到實驗情境的影響，對在線零售商營銷道德行為的態度較客觀反應了被試的人格特質。

表 8-3　　　　　　　　　主效應假設檢驗結果

|  | 不同組別的均值 ||| F 值 | P 值 |
|---|---|---|---|---|---|
|  | 積極營銷道德 | 消極營銷道德 | 控制組 | | |
| 消費者購買意願 | 4.864 | 2.572 | 4.128 | 45.282 | 0.000[***] |
| 消費者信任 | 4.335 | 4.029 | 4.511 | 1.535 | 0.218 |
| 消費者支持 | 5.028 | 4.873 | 5.146 | 0.767 | 0.496 |
| 消費者網路專長 | 4.504 | 4.392 | 4.277 | 0.613 | 0.572 |

（2）調節效應檢驗

此外，我們也關注面對不同的消費者和不同服務質量時，在線零售商營銷道德行為對消費者購買意願的影響是否會發生變化，其調節機制是什麼的問題。本研究刪除了控制組樣本，僅保留了184個消極組和積極組的有效樣本數據進行分析。本研究通過對在線零售商營銷道德行為、消費者信任、消費者支持、消費者網路專長、服務質量與消費者購買意願進行方差分析，分別檢驗了在線零售商營銷道德行為和消費者信任、在線零售商營銷道德行為和消費者支

持、在線零售商營銷道德行為和消費者網路專長、在線零售商營銷道德行為和服務質量對消費者購買意願的交互影響。表8-4表明，在線零售商營銷道德行為與消費者信任之間存在顯著的交互效應（P<0.001），在線零售商營銷道德行為與消費者支持之間存在顯著的交互效應（P<0.01），在線零售商營銷道德行為與消費者網路專長之間存在顯著的交互效應（P<0.01），在線零售商營銷道德行為與服務質量之間不存在顯著的交互效應（P>0.05）。

表8-4　　　　　　　　　調節效應假設檢驗結果

| 自變量 | F值 | P值 |
| --- | --- | --- |
| 在線零售商營銷道德行為 | 38.747 | 0.000*** |
| 在線零售商營銷道德行為×消費者信任 | 21.618 | 0.000*** |
| 在線零售商營銷道德行為×消費者支持 | 9.225 | 0.006** |
| 在線零售商營銷道德行為×消費者網路專長 | 11.336 | 0.001** |
| 在線零售商營銷道德行為×服務質量 | 1.424 | 0.277 |

註：** 表示在 p<0.01 水平下顯著；*** 表示在 p<0.001 水平下顯著。

由表8-4可知，模型中消費者信任、消費者支持、消費者網路專長在0.01的置信水平上均存在顯著調節效應（P值分別為0.000、0.006、0.001）；模型中服務質量不存在顯著調節效應（P值為0.277）。究其因，可能是服務質量要素不僅體現了零售網站的重要特徵和屬性，而且這些特徵和屬性在一定程度上反應了在線零售商的營銷道德要求。因此，當消費者同時面臨有關在線零售商營銷道德和服務質量信息時，對服務質量影響的敏感度會下降，從而弱化了服務質量對在線零售商營銷道德行為與消費者購買意願的調節作用。因此，假設H8-2、H8-3、H8-4得到支持，但H8-5沒有得到支持。為了確定這些變量的調節效應方向，繪製出調節效應示意圖（參見圖8-2、圖8-3和圖8-4）。

圖8-2顯示，在消費者信任高的條件下，無論在線零售商營銷道德行為積極或消極，消費者購買意願方面的得分都顯著地高於消費者信任低條件下的評價得分。具體而言，在積極的在線零售商營銷道德行為水平下，如果消費者信任低，那麼，消費者購買意願會低；在積極的在線零售商營銷道德行為水平下，如果消費者信任高，那麼消費者購買意願會高；在消極的在線零售商營銷道德行為水平下，如果消費者信任高，那麼，消費者購買意願仍然會高；在消極的在線零售商營銷道德行為水平下，如果消費者信任又低，那麼，消費者購

圖 8-2 消費者信任的調節效應

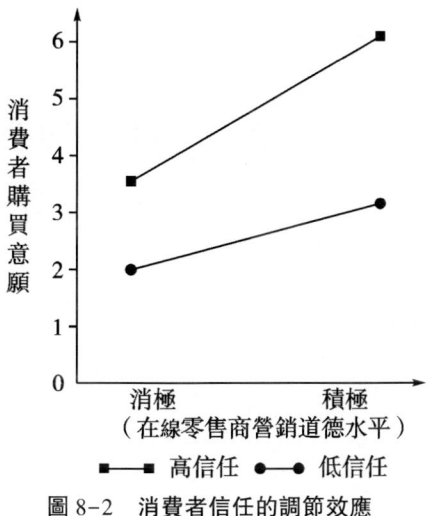

買意願會低。因此，在高信任的水平下，消費者購買意願對在線零售商營銷道德行為的敏感程度更高，可見，消費者信任對在線零售商營銷道德行為與消費者購買意願之間的調節作用方向為正，假設 H8-2 獲得支持。

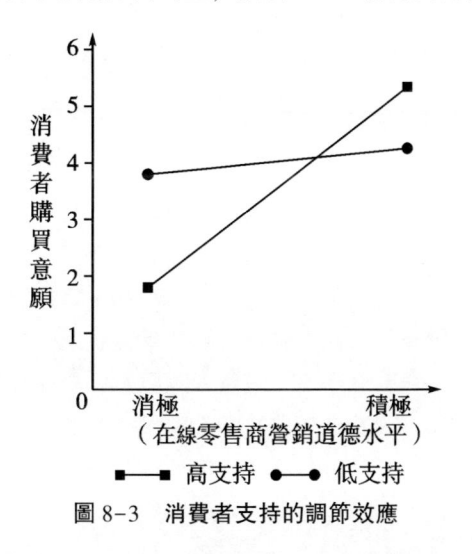

圖 8-3 消費者支持的調節效應

圖 8-3 表明，低支持消費者和高支持消費者在面對積極的在線零售商營銷道德行為時，均表現出更高的購買意願。然而，兩類消費者購買意願對在線零售商營銷道德行為的回應程度卻有所不同。高支持者消費者在面對積極的在線零售商營銷道德行為時，表現出更高的購買意願；也就是說，在高支持水平

下消費者購買意願對在線零售商營銷道德行為的敏感程度顯著提高。而低支持消費者的購買意願受在線零售商營銷道德行為的影響不大，即在低支持水平下，消費者購買意願對在線零售商營銷道德行為相對不敏感。因此，消費者支持對在線零售商營銷道德行為與消費者在線購買意願之間的調節作用方向也為正，H8-3 獲得支持。

圖 8-4　消費者網路專長的調節效應

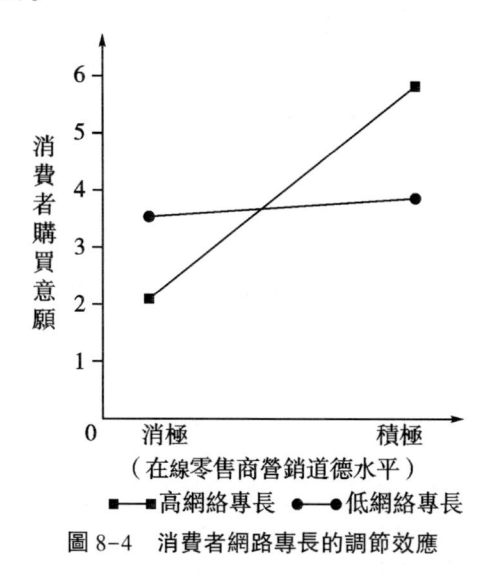

　　圖 8-4 顯示，無論是低網路專長的消費者，還是高網路專長的消費者，在面對積極的在線零售商營銷道德行為時，均表現出更高的購買意願。然而，兩類消費者購買意願對在線零售商營銷道德行為的回應程度卻有所不同。高網路專長的消費者在面對積極的在線零售商營銷道德行為時，表現出更高的購買意願，即在高網路專長水平下消費者購買意願對在線零售商營銷道德行為的敏感程度顯著提高。而低網路專長消費者的購買意願受在線零售商營銷道德行為的影響不大，即在低網路專長水平下，消費者購買意願對在線零售商營銷道德行為相對不敏感。這表明，消費者網路專長對在線零售商營銷道德行為與消費者在線購買意願之間的調節作用方向為正，從而假設 H8-4 得到了支持。

## 8.5 結論和討論

### 8.5.1 研究結論

本研究採用情景模擬實驗法檢驗了在線零售商營銷道德行為對消費者購買意願的影響機制以及個體特徵和服務質量變量的調節作用。實驗結果表明，在線零售商營銷道德行為是影響消費者做出在線購買決策的重要因素。這一基於中國 B2C 在線零售市場的研究結論與國外研究相近，即在線零售商營銷道德行為對消費者購買意願有積極影響。同時，本研究又更加深入探討了在國內外學界還普遍缺乏研究的議題，即在線零售商營銷道德行為對消費者在線購買決策的影響邊界與條件。基於實驗數據的方差分析結果表明，在線零售商營銷道德行為對消費者購買意願的影響受到了消費者個體特徵變量（消費者信任、消費者支持、消費者網路專長）的調節作用。對於高信任的消費者，無論在線零售商營銷道德行為積極或消極，消費者購買意願都顯著地高於低信任的消費者。對於高支持的消費者，當在線零售商積極承擔營銷道德行為時，消費者購買意願要顯著高於低支持的消費者。對於高網路專長的消費者，當在線零售商積極承擔營銷道德行為時，消費者購買意願要顯著高於低網路專長的消費者。研究結論有助於從消費者個體特徵差異角度明確消費者對在線零售商營銷道德行為的回應機理，對推進中國在線零售市場營銷道德建設有重要建議。

### 8.5.2 管理建議

第一，在線零售商應合理制訂營銷道德行動計劃，積極主動地組織和實施營銷道德活動，降低和杜絕負面道德形象，從而促進消費者形成積極購買意願。其中，制定法律法規、加強社會公眾的輿論監督固然是促進在線零售商承擔應有營銷道德責任的必要解決手段，但這僅僅是一種「硬約束」。由於企業天然具有追逐利潤的特性，如果把在線零售商履行營銷道德責任與其關注的實實在在的利益聯繫起來，則更能賦予其積極、主動、自願履行營銷道德的內在動力。同時，要發揮消費者選擇的「投票權」，對在線零售商實施營銷道德活動形成一種「軟約束」和倒逼機制。在線零售商還應建立科學完善的營銷道德體系，建立健全完整科學的營銷道德管理制度和流程，將營銷道德活動視為保證企業長期發展及其合法性的一種戰略投資，保持營銷道德活動的持續性、穩定性和常規化。

第二，在線零售商應積極拓展營銷道德實踐的範圍，圍繞隱私保護、安全可靠、公平競爭、誠信經營和社會責任履行等營銷道德策略進行全面設計和運作。這要求在線零售商堅決杜絕非法收集、使用、洩露和傳播消費者個人信息，不向消費者發送垃圾郵件，保證訂單商品及時發貨和交貨及其在物流配送中的安全，加強網路購物系統和支付方式的安全保證，對消費者投訴及時回應和處理，做到無隱私保護聲明，在界面詳細描述產品和服務信息，為消費者提供周到的售後服務。在線零售商還應堅持誠信經營，不做虛假廣告，不隨意隱瞞瑕疵信息和誇大產品功效，做到產品與訂購一致性，不銷售假貨和故意誤導消費者，積極兌現促銷承諾和服務承諾。並且，在線零售商應共同營造一個和諧公平的競爭環境，不隨意模仿或抄襲競爭對手的界面設計，惡意進行價格競爭，貶低對手。此外，在線零售商還應積極參加公益事業、捐贈活動，幫助弱勢群體。

第三，不斷提升消費者在線倫理消費意識和網路購物經驗。西方發達國家之所以在今天能形成比較完善的營銷道德行為「自我規制」和「社會規制」，與消費者群體的權益意識和倫理責任意識的提升休戚相關。因此，有必要積極引導中國消費者提高在線倫理消費意識，通過消費者選擇對在線零售商營銷道德行為發揮更大監督和約束效力。在線零售商也應不斷豐富營銷道德信息的披露和傳播渠道，通過第三方機構和媒體進行營銷道德宣傳，提高消費者對在線零售商營銷道德的認知和倫理消費經驗。同時，應重視消費者網路知識和經驗的培育，提升消費者網路專長。通過提升消費者網路專長，增強消費者對在線零售商營銷道德活動的識別能力，從而給予在線零售商一定壓力，促使其不斷提升營銷道德水平。

第四，在線零售商營銷道德活動的開展取決於贏得消費者信任。企業資源是有限性的，在線零售商開展營銷道德活動不能以浪費企業的資源和損害企業能力為代價，應進行科學的規劃和實施。採取合理的營銷道德投資和運作方式，在成本和資源有限的情況下使消費者認為在線零售商營銷道德活動是對發展企業能力的積極強化作用，相信企業有能力提供更好的產品和服務。同時，消費者對在線零售商營銷道德與企業能力的信念離不開政府的引導。由於信息的數量和質量影響著消費者的營銷道德信念，因此，政府在引導在線零售商披露營銷道德信息方面要給予一定指導意見，甚至考慮在一些關鍵性道德指標上進行強制性規定，從而使消費者能獲得更全面的在線零售商營銷道德信息。

第五，提升消費者對在線零售商營銷道德行為的支持度。在線零售商應積極主動從事營銷道德活動，在消費者心中建立先動優勢，樹立良好的道德形

象，從而贏得消費者支持。在具體實踐中，在線零售商應調查目標市場的消費者價值觀和自我概念，瞭解消費者的真實需求，從而設計與消費者自我概念和價值觀相吻合的營銷道德行動。在線零售商還應通過調查廣泛瞭解消費者對企業開展各領域道德營銷的態度，並在此基礎上加強營銷道德信息傳播質量，註重道德傳播的標準化、完整性和真實性，從而贏得消費者的真心支持。同時，在線零售商的言行要一致，如果在線零售商的營銷道德活動與其傳播的營銷道德信息不一致，不能實現營銷道德宣傳所要達到的水準和要求，就可能會導致消費者對在線零售商產生偽善認知，從而降低消費者支持。

### 8.5.3 研究局限和進一步研究方向

首先，本研究選擇了學生樣本進行實驗研究，可能會影響到研究的推廣和外部效度。所以，在后面的研究中，應進一步運用準實驗研究、問卷調查、案例研究等多樣化的方法和手段在非學生樣本中進一步探討在線零售商營銷道德行為與消費者購買意願之間的關係。其次，本研究是從總體層面考察在線零售商營銷道德行為對消費者購買意願的影響機制，缺乏分析不同類型在線零售商營銷道德行為的影響差異。因此，今后的研究可進一步分析不同在線零售商營銷道德行為類型（如隱私保護、安全可靠、公平競爭、誠信經營等）對消費者購買意願的影響差異及調節效應。最后，本研究採取的是一個模擬的研究情境，今后的研究可分析在真實的在線零售市場環境下個體特徵和網站特徵差異對在線零售商營銷道德與消費者行為的影響機理，進一步探討在線零售商營銷道德與關鍵績效指標（如網站績效、市場份額、股價、網站品牌資產）的關係。

# 參考文獻

[1] AAKER D A, JOACHIMSTHALER E. The brand relationship spectrum: The key to the brand architecture challenge [J]. California Management Review, 2000, 42 (4).

[2] ADAM A M, ADERET A, SADEH A. Does ethics matter to e-consumers [J]. Journal of Internet Commerce, 2007, 6 (2).

[3] AHUJA M K, GUPTA B, RAMANM P. An empirical investigation of online consumer purchasing behavior [J]. Communication of the ACM, 2003, 46 (12).

[4] AI-KHATIB J A, STANTON A D, RAWWAS M Y A. Ethical segmentation of consumers in developing countries: A comparative analysis [J]. International Marketing Review, 2005, 22 (2).

[5] ALEXANDER E C. Consumer reactions to unethical service recovery [J]. Journal of Business Ethics, 2002, 36 (3).

[6] ANDERSON R E, SRINIVASAN S S. E-satisfaction and e-loyalty: A contingency framework [J]. Psychology&Marketing, 2003, 20 (2).

[7] ARJOON S, RAMBOCAS M. Ethics and customer loyalty: Some insights into online retailing services [J]. International Journal of Business and Social Science, 2011, 2 (14).

[8] BART Y, SHANKAR V, SULTAN F, et al. Are thedrivers and role of online trust the same forall websites and consumers? A large-scale exploratory empirical study [J]. Journal of Marketing, 2005, 69 (4).

[9] BECKMANN S C. Consumers』perceptions of and responses to CSR: So little is known so far [C] //Morsing M. and Beckmann S. C. Strategic CSR Communication. Copenhagen: DJOF Publishing, 2006.

[10] BECKER-OLSEN K L, CUDMORE B A, HILL R P. The impact of per-

ceived corporate social responsibility on consumer behavior [J]. Journal of Business Research, 2006, 59 (1).

[11] BEN-NER A, PUTTERMAN L. Trust in the new economy [M]. in D. C. Jones (ed.), New Economy Handbook (Academic Press, New York), 2003.

[12] BHATTACHARYA C B, SEN S. Doing better at doing good: When, why and how consumers respond to corporate social Initiatives [J]. California Management Review, 2004, 47 (1).

[13] BLUMENTHAL, DANNIELLE. Why Branding, as We Know it, is about to Collapse [J]. Journal of Brand Management, 2005, 12 (3).

[14] BOULSTRIDGE E, CARRIGAN M. Do consumers really care about corporate responsibility? Highlighting the attitude-behavior gap [J]. Journal of Communication Management, 2000, 4 (4).

[15] BRICKSON S. Organizational identity orientation: The genesis of the role of the firm and distinct forms of social value [J]. Academy of Management Review, 2007, 32 (3).

[16] BROWN M E, TREVINO L K, HARRISON D. Ethical leadership: A social learning perspective for construct development and testing [J]. Organizational Behavior and Human Decision Processes, 2005, 97 (2).

[17] BUSH V S, VENABLE B T, BUSH A J. Ethics and marketing on the internet: Practitioners' perceptions of societal, industry and company concerns [J]. Journal of Business Ethics, 2000, 23 (3).

[18] CAMPBELL J L. Institutional analysis and the paradox of corporate social responsibility [J]. American Behavioral Scientist, 2006, 49 (7).

[19] CAMPBELL J L. Why would corporations behave in socially responsible ways? An institutional theory of corporate social responsibility [J]. Academy of Management Review, 2007, 32 (3).

[20] CARLSON J, O' CASS A. Exploring the relationships between e-service quality, satisfaction, attitudes and behaviors in content-driven e-service web sites [J]. Journal of Services Marketing, 2010, 24 (2).

[21] CARRIGAN M, AHMAD A. The myth of the ethical consumer-do ethics matter in purchase behaviour? [J]. Journal of Consumer Marketing, 2001, 18 (7).

[22] CHANG M K, CHEUNG W, LAI V S. Literature derived reference models for the adoption of online shopping [J]. Information&Management, 2005, 42

(4).

[23] CHENG H-F, YANG M-H, CHEN K-Y, et al. Measuring perceived EC ethics using a transaction-process-based approach: Scale development and validation [J]. Electronic Commerce Research and Applications, 2014, 13 (1).

[24] CHIU C, CHANG C, CHENG H, et al. Determinants of customer repurchase intention in online Shopping [J]. Online Information Review, 2009, 33 (4).

[25] CITERA M, BEAUREGARD R, MITSUYA T. An experimental study of credibility in e-negotiations [J]. Psychology&Marketing, 2005, 22 (2).

[26] CREYER E H, ROSS W T. The influence of firm behavior on purchase intention: Do consumers really care about business ethics? [J]. Journal of Consumer Marketing, 1997, 14 (6).

[27] CROSBY L A, EVANS K R, COWLESS D. Relationship Quality in Services Selling: An Interpersonal Influence Perspective [J]. Journal of Marketing, 1990, 54 (3).

[28] CSIKSZENTMIHALYI I, CSIKSZENTMIHALYI M. Optimal experience: Psychological studies of flow in consciousness [M]. New York: Cambridge University Press, 1988.

[29] CYR D. Modeling website design across cultures: Relationships to trust, satisfaction and e-loyalty [J]. Journal of Management Information Systems, 2008, 24 (4).

[30] DAWKINS J. CSR in stakeholder expectations and their implication for company strategy [J]. Journal of Business Ethics, 2001, 44 (2/3).

[31] DONALD P. Extending the Process Model of Collective Corruption [J]. Research in Organizational Behavior, 2008 (28).

[32] ELLEN P S, WEBB D J, MOHR L A. Building corporate associations: Consumer attributions for corporate socially responsible programs [J]. Journal of the Academy of Marketing Science, 2006, 34 (2).

[33] FASSNACHT M, KOESE I. Quality of electronic services: Conceptualizing and testing a hierarchical model [J]. Journal of Service Research, 2006, 9 (1).

[34] FLAVIAN C, GUINALıU M. Consumer trust, perceived security and privacy policy: Three basic elements of loyalty to a web site [J]. Industrial

Management&Data Systems, 2006, 106 (5).

[35] FORSYTHE S, LIU C, SHANNON D, et al. Development of a scale to measure the perceived benefits and risks of online shopping [J]. Journal of Interactive Marketing, 2006, 20 (2).

[36] FOSTER G. Financial statement analysis [M]. Englewood Cliffs N. J. Prentice-Hill Inc, 1986.

[37] FREESTONE O, MITCHELL V W. Generation Y attitudes towards e-ethics and internet-related misbehaviours [J]. Journal of Business Ethics, 2004, 54 (2).

[38] GARBARINO E, STRAHILEVITZ M. Genderdifferences in the perceived risks of buying online and theeffects of receiving a site recommendation [J]. Journal of Business Research, 2004, 57 (7).

[39] GINO F, AYAL S, ARIELY D. Contagion and differentiation in unethical behavior: The effect of one bad apple on the barrel [J]. Psychological Science, 2009, 20 (3).

[40] GINO F, GU J, ZHONG C B. Contagion orrestitution? When bad apples can motivate ethical behavior [J]. Journal of Experimental Social Psychology, 2009, 45 (6).

[41] GREWAL D, IYER G R, LEVY M. Internet retailing: Enablers, limiters and market consequences [J]. Journal of Business Research, 2004, 57 (7).

[42] HASSANEIN K, HEAD M. Manipulating perceived social presence through the web interface and its impact on attitude towards online shopping [J]. International Journal of Human-Computer Studies, 2007, 65 (8).

[43] HENNIG-THURAU, THORSTEN, KLEE, et al. Theimpact of customer satisfaction and relationship quality on customer retention: A critical reassessment and model development [J]. Psychology &Marketing, 1997, 14 (8).

[44] HILLER A. Challenges in researching consumer ethics: A methodological experiment [J]. Qualitative Market Research: An International Journal, 2010, 13 (3).

[45] HOLMLUND M. The D&D Model-dimensions and domains of relationship qualityperceptions [J]. Service Industries Journal, 2001, 21 (3).

[46] HONGA S, YANGB S, RIMC H. The influence of corporate social responsibility and customer-company identification on publics」 dialogic communication

intentions [J]. Public Relations Review, 2010 (36).

[47] HUSTED B W, ALLEN D B. Corporatesocial responsibility in the multinational enterprise: Strategic and institutional approaches [J]. Journal of International Business Studies, 2006, 37 (6).

[48] INGRAM R, SKINNER S J, TAYLOR V A. Consumers' evaluations of unethical marketing behaviors: The role of customer commitment [J]. Journal of Business Ethics, 2005, 62 (3).

[49] JARVELAINEN J. Online purchases intention: An empirical testing of a multiple-theory Model [J]. Journal of Organizational Computing and Electronic Commerce, 2007, 17 (1).

[50] LIMBU Y B, MARCO WOLF, DALE LUNSFORD. Perceived ethics of online retailers and consumer behavioral intentions: The mediating roles of trust and attitude [J]. Journal of Research in Interactive Marketing, 2012, 6 (2).

[51] LIMBU Y B, WOLF M, LUNSFORD D L. Consumers' perceptions of online ethics and its effects on satisfaction and loyalty [J]. Journal of Research in Interactive Marketing, 2011, 5 (1).

[52] LUO Y D. The independent and interactive roles of procedural, distributive, and interactional justice in strategic alliances [J]. Academy of Management Journal, 2007, 50 (3).

[53] LUO X, BHATTACHARYA C B. Corporate social responsibility, customer satisfaction, and market value [J]. Journal of Marketing, 2006, 70 (4).

[54] MASON R O. Four ethical issues of the information age [J]. MIS Quarterly, 1986, 10 (1): 5-12.

[55] MAYER D M, KUENZI M, GREENBAUM R L. Examining the link between ethical leadership and employee misconduct: The mediating role of ethical climate [J]. Journal of Business Ethics, 2010, 95 (1).

[56] MCWILLIAMS A, SIEGEL D S, WRIGHT P M. Corporate social responsibility: Strategic implications [J]. Journal of Management Studies, 2006, 43 (1).

[57] MEINERT D B, PETERSON D K, CRISWELL J R, et al. Privacy policy statements and consumer willingness to provide personal information [J]. Journal of Electronic Commerce in Organizations, 2006, 4 (1).

[58] MEYER C, SCHWAGER A. Understanding customer experience [J].

Harvard Business Review, 2007 (2).

[59] MILNE G R, CULNAN M J. Strategies for reducing online privacy risks: Why consumers read (or don't read) online privacy notices [J]. Journal of Interactive Marketing, 2004, 18 (3).

[60] MITRA A, RAYMOND M A, HOPKINS C D. Can consumers recognize misleading advertising content in a media rich online environment? [J]. Psychology & Marketing, 2008, 25 (7).

[61] MIYAZAKI A D, FERNANDEZ A. Consumer perceptions of privacy and security risks for online shopping [J]. The Journal of Consumer Affairs, 2001, 35 (1).

[62] MOHR L A, WEBB D J. The effects of corporate social responsibility and price on consumer responses [J]. Journal of Consumer Affairs, 2005, 39 (1).

[63] MONTOYA-WEISS M, VOSS G B, GREWAL D. Determinants of online channel use and overall satisfaction with a relational, multichannel service provider [J]. Journal of the Academy of Marketing Science, 2003, 31 (4).

[64] MUKHERJEE A, NATH P. Role of electronic trust in online retailing: A re-examination of the commitment-trust theory [J]. European Journal of Marketing, 2007, 41 (9/10).

[65] NARDAL S, SAHIN A. Ethical issues in e-commerce on the basis of online retailing [J]. Journal of Social Sciences, 2011, 7 (2).

[66] O'BRIEN H L. The influence of hedonic and utilitarian motivations on user engagement: The case of online shopping experiences [J]. Interacting with computers, 2010, 22 (5).

[67] PALMER D E. Pop-ups, cookies, and spam: Toward a deeper analysis of the ethical significance of internet marketing practices [J]. Journal of Business Ethics, 2005, 58 (1/3).

[68] PAN Y, ZINKHAN G M. Exploring the impact of online privacy disclosures on consumer trust [J]. Journal of Retailing, 2006, 82 (4).

[69] PARASURAMAN A, ZEITHAML V, MALHOTRA A. E-S-QUAL: A multiple-item scale for assessing electronic service quality [J]. Journal of Service Research, 2005, 7 (3).

[70] PETERSON D. Perceived leader integrity and ethical intentions of subordinates [J]. The Leadership and Organization Development Journal, 2004, 25 (1).

[71] PODNAR K, GOLOB U. CSR expectations: The focus of corporatemarketing [J]. Corporate Communications: An International Journal, 2007, 12 (4).

[72] POLLACH I. A typology of communicative strategies in online privacy policies: Ethics, power and informed consent [J]. Journal of Business Ethics, 2005, 62 (3).

[73] RADIN T J, CALKINS M, PREDMORE C. New challenges to old problems: Building trust in e-marketing [J]. Business and Society Review, 2007, 112 (1).

[74] RANGANATHAN C, GANAPATHY S. Key dimensions of business-to-consumer web sites [J]. Information&Management, 2002, 39 (2).

[75] ROMAN S. Relational consequences of perceived deception in online shopping: The moderating roles of type of product, consumer's attitude toward the internet and consumer's demographics [J]. Journal of Business Ethics, 2010, 95 (3).

[76] ROMAN S. The ethics of online retailing: A scale development and validation from the consumers perspective [J]. Journal of Business Ethics, 2007, 72 (2).

[77] ROMAN S, CUESTAS P J. The perceptions of consumers regarding online retailers ethics and their relationship with consumers general internet expertise and word of mouth: A preliminary analysis [J]. Journal of Business Ethics, 2008, 83 (4).

[78] ROSE S, HAIR N, CLARK M. A review of the business-to-consumer online purchase context [J]. International Journal of Management Revies, 2011, 13 (1).

[79] SCHIFFMAN L G, SHERMAN E, LONG M M. Toward a better understanding of the interplay of personal values and the internet [J]. Psychology & Marketing, 2003, 20 (2).

[80] SCHLEGELMILCH B, OBERSEDER M. Half a century of marketing ethics: Shifting perspectives and emerging trends [J]. Journal of Business Ethics, 2010, 93 (1).

[81] SCHMINKE M, AMBROSE M L, NEUBAUM D O. The effect of leader moral development on ethical climate and employee attitudes [J]. Organizational Behavior and Human Decision Processes, 2005, 97 (2).

[82] SCHMITT B H. Experiential marketing: How to get customers to sense,

feel, think, act, and relate to your company and brands [M]. New York: The Free Press, 1999.

[83] SCOTT W R. Institutions and organizations [M]. 2nd ed. Thousand Oaks, CA: Sage, 2001.

[84] SEN S, BHATTACHARYA C B. Does doing good always lead to doing better? Consumer reactions to corporate social responsibility [J]. Journal of Marketing Research, 2001, 38 (2).

[85] SHERGILL G S, ZHAOBIN C. Web-based shopping: Consumers' attitudes towards online shopping in New Zealand [J]. Journal of Electronic Commerce Research, 2005, 6 (2).

[86] SHERIF M, HOVLAND C I. Social judgment: Assimilation and contrast effects in communication and attitude change [M]. New Haven, CT: Yale University Press, 1961.

[87] SINGH T, HILL M E. Consumer privacy and the internet in Europe: A view from Germany [J]. Journal of Consumer Marketing, 2003, 20 (7).

[88] SMITH D N, SIVAKUMAR K. Flow and internet shopping behavior: A conceptual model and research propositions [J]. Journal of Business research, 2004, 57 (10).

[89] SPRENG R A, MACKENZIE S B, OLSHAVSKY R W. A reexamination of the determinants of consumer satisfaction [J]. Journal of Marketing, 1996, 60 (3).

[90] STEAD B A, GILBERT J. Ethical issues in electronic commerce [J]. Journal of Business Ethics, 2001, 34 (2).

[91] STORBACKA K, STRANDVIK T, GRONROOS C. Managing customer relationships for profit: The dynamics of relationship quality [J]. International Journal of Service Industry Management, 1994, 5 (5).

[92] TREVINO L K, HARTMAN L P, BROWN M. Moral person and moral manager: How executives develop a reputation for ethical leasership [J]. California Management Review, 2000, 42 (4).

[93] VAN NOORT G, KERKHOF P, FENNIS B M. The persuasiveness of online safety cues: The impact of prevention focus compatibility of web content on consumers' risk perceptions, attitudes, and intentions [J]. Journal of Interactive Marketing, 2008, 22 (4).

[94] VITELL S J. Consumer ethics research: Review, synthesis and suggestions for the future [J]. Journal of Business Ethics, 2003, 43 (1/2).

[95] VLACHOS P A, TSAMAKOS A, VRECHOPOULOS A P, et al. Corporate social responsibility: Attributions, loyalty, and the mediating role of trust [J]. Journal of the Academy of Marketing Science, 2009, 37 (2).

[96] WEAVER G R, TREVINO L K. Compliance and values oriented ethics programs: Influences on employees attitudes and behavior [J]. Business Ethics Quarterly, 1999, 9 (2).

[97] WEBB D J, MOHR L A, HARRIS K E. A re-examination of socially responsible consumption and its measurement [J]. Journal of Business Research, 2008, 61 (2).

[98] WINTER S J, STYLIANOU A C, GIACALONE R A. Individual differences in the acceptability of unethical information technology practices: The case of machiavellianism and ethical ideology [J]. Journalof Business Ethics, 2004, 54 (3).

[99] WIRTZ J, LWIN M O, WILLIAMS J D. Causes and consequences of consumer online privacy concern [J]. International Journal of Service Industry Management, 2007, 18 (4).

[100] WU C F, WU W K. Ethical issues in electronic commerce: A study of travel websites in Taiwan [J]. Journal of Technology Management, 2006, 11 (1).

[101] YANG M N, CHANDLREES N, LIN B, et al. The effect of perceived ethical performance of shopping websites on consumer trust [J]. Journal of Computer Information Systems, 2009, 50 (1).

[102] YI Y. A critical review of consumer satisfaction [M]. Chicago: American Marketing Association, 1990.

[103] 陳博, 金永生. 購物網站的個性化推薦對網路購物體驗影響的實證研究 [J]. 北京郵電大學學報 (社會科學版), 2013, 15 (6).

[104] 陳文軍. 論企業戰略管理中的倫理決策 [J]. 北京工商大學學報 (社會科學版), 2011, 26 (3).

[105] 鄧新明, 田志龍, 劉國華, 等. 中國情景下企業倫理行為的消費者回應研究 [J]. 中國軟科學, 2011 (2).

[106] 鄧之宏, 秦軍昌, 鐘利紅. 中國 C2C 交易市場電子服務質量對顧客忠誠的影響——以顧客滿意和顧客價值為仲介變量 [J]. 北京工商大學學報

（社會科學版），2013，28（2）.

[107] 馮桂平，牟莉莉. 本土家電企業競爭行動與績效關係的實證研究 [J]. 情報雜誌，2009（11）.

[108] 甘碧群，廖以臣. 透視網路中的道德 [J]. 中國國情國力，2004（8）.

[109] 甘碧群，曾伏娥. 企業營銷道德測評體系的確立與模糊評價——來自外部顧客的數據分析 [J]. 系統工程理論與實踐，2006（2）.

[110] 賀和平，周志民. 基於消費者體驗的在線購物價值研究 [J]. 商業經濟與管理，2013（3）.

[111] 何其幗，廖文欣. 網路零售企業服務質量對消費者感知風險的影響——第三方物流啟動信息的調節作用 [J]. 經濟管理，2012，34（2）.

[112] 洪雁，王端旭. 管理者真能「以德服人」嗎？——社會學習和社會交換視角下倫理型領導作用機制研究 [J]. 科學學與科學技術管理，2011，32（7）.

[113] 黃丹陽，卓駿，陳瑩. B2C 網站顧客購物體驗與顧客忠誠關係研究——基於整體網路產品的視角 [J]. 西安財經學院學報，2014，27（1）.

[114] 蔣侃. 在線零售商營銷道德與口碑的關係研究 [J]. 企業經濟，2012（6）.

[115] 李安林. 信息不對稱、道德風險與承擔道德責任 [J]. 南京航空航天大學學報（社會科學版），2008，10（2）.

[116] 李維安，唐躍軍. 上市公司利益相關者治理機制、治理指數與企業績效 [J]. 管理世界，2005（9）.

[117] 劉鳳軍，李敬強，李輝. 企業社會責任與品牌影響力關係的實證研究 [J]. 中國軟科學，2012（1）.

[118] 劉思強，楊偉文，葉澤. 不同壟斷感知強度下營銷道德對顧客關係質量的影響——來自銀行業的證據 [J]. 系統工程，2013，31（4）.

[119] 劉文綱，梁徵偉，唐立軍. 中國零售企業社會責任指標體系的構建 [J]. 北京工商大學學報（社會科學版），2010，25（1）.

[120] 牛永革，李蔚. 營銷倫理對品牌重生影響的實證研究 [J]. 南開管理評論，2006，9（5）.

[121] 沈鵬熠. 零售企業社會責任行為對企業形象及顧客忠誠的影響機制 [J]. 北京工商大學學報（社會科學版），2012，27（3）.

[122] 時剛強，薛永基，苗澤華. 企業網路營銷道德問題研究 [J]. 商業

研究，2006（9）.

［123］譚亞莉，廖建橋，李驥. 管理者非倫理行為到組織腐敗的衍變過程、機制與干預：基於心理社會微觀視角的分析［J］. 管理世界，2011（12）.

［124］王勇. 零售企業的社會責任建設和信息披露——針對中國上市零售企業的實證研究［J］. 北京工商大學學報（社會科學版），2011，26（1）.

［125］溫忠麟，張雷，侯杰泰，等. 仲介效應檢驗程序及其應用［J］. 心理學報，2004，36（5）.

［126］吳金南，尚慧娟. 物流服務質量與在線顧客忠誠——個體差異的調節效應［J］. 軟科學，2014，28（6）.

［127］吳錦峰，常亞平，侯德林. 網路商店形象對情感反應和在線衝動性購買意願的影響［J］. 商業經濟與管理，2012，250（8）.

［128］夏立軍，陳信元. 市場化進程、國企改革策略與公司治理結構的內生決定［J］. 經濟研究，2007（7）.

［129］謝佩洪，周祖城. 中國背景下CSR與消費者購買意向關係的實證研究［J］. 南開管理評論，2009，12（1）.

［130］閆俊，陳麗瑞. 本土B2C網站營銷道德的量化評價體系研究［J］. 管理學報，2008（6）.

［131］楊忠智. 商業道德行為與企業績效關係研究［J］. 經濟學家，2012（5）.

［132］張娜，趙曉. 商業道德行為缺失的經濟學分析——基於信息不對稱理論的視閾［J］. 經濟與管理，2012，26（3）.

［133］張笑峰，席酉民. 倫理型領導：起源、維度、作用與啟示［J］. 管理學報，2014，11（1）.

［134］趙立. 中小企業組織道德氛圍及其對組織績效的影響——基於浙江等省市的調查與分析［J］. 浙江社會科學，2011（7）.

［135］趙旭. 上市公司誠信與企業價值的實證研究［J］. 山西財經大學學報，2011（1）.

［136］周秀蘭，唐志強. 企業營銷道德與營銷績效的關係探討［J］. 生產力研究，2013（9）.

國家圖書館出版品預行編目(CIP)資料

在線零售商營銷道德行為的消費者響應及其治理 / 沈鵬熠 著. -- 第一版.
-- 臺北市：崧燁文化，2018.08

面 ； 公分

ISBN 978-957-681-427-3(平裝)

1.職業倫理 2.零售商

198.49　　　107012248

書　　名：在線零售商營銷道德行為的消費者響應及其治理
作　　者：沈鵬熠 著
發 行 人：黃振庭
出 版 者：崧燁文化事業有限公司
發 行 者：崧燁文化事業有限公司
E-mail：sonbookservice@gmail.com
粉絲頁　　　　　　　　網　址：
地　　址：台北市中正區重慶南路一段六十一號八樓815室
8F.-815, No.61, Sec. 1, Chongqing S. Rd., Zhongzheng
Dist., Taipei City 100, Taiwan (R.O.C.)
電　　話：(02)2370-3310　傳　真：(02) 2370-3210
總 經 銷：紅螞蟻圖書有限公司
地　　址：台北市內湖區舊宗路二段121巷19號
電　　話：02-2795-3656　　傳真：02-2795-4100　　網址：
印　　刷：京峯彩色印刷有限公司（京峰數位）

　　　本書版權為西南財經大學出版社所有授權崧博出版事業股份有限公司獨家發行電子書繁體字版。若有其他相關權利需授權請與西南財經大學出版社聯繫，經本公司授權後方得行使相關權利。

定價：300 元
發行日期：2018 年 8 月第一版
◎ 本書以POD印製發行